JN171707

授業をもっと面白くする!

中学校地理の雑談ネタ40

井田仁康 著

明治図書

はじめに

地理では、地域という枠組みの中で、自然、文化、歴史、経済など様々な知識を駆使して、その地域を理解していこうとします。そのため、雑談が多ければ多いほど、地域に関する見聞が広がり、楽しい勉強になっていきます。こんなことも地理なんだ、あんなことも地理なんだと、とにかく何でも地理と関係していきます。

本書は、二〇二一年から実施される、新しい学習指導要領の内容にも対応しています。むろん、現在の学習内容にも対応できます。

こんなことも知っていると、よりいっそう地理の勉強が面白くなる、地理でこんな見方もできるんだといった項目で、本書を構成してみました。

大きな分け方として、「世界と日本の地域構成」「世界の様々な地域」「日本の様々な地域」の三つをあげました。

「世界と日本の地域構成」では、地図に関するあれこれを書いてみました。球面を平面で表すことの矛盾、地図だけでは見えないことを書いています。

「世界の様々な地域」では、世界のこんなところに注目してみると、理解が深まるといった項目で書いてみました。世界に興味をもってもらい、地理を学習することでその国に行ってみたくなったと思ってくれるといいですね。実際に自分の目で見ると、違った印象を受けたり、新たな発見があったりします。

「日本の様々な地域」では、地域調査の魅力や地理の見方、そして、地域の在り方と関連させて、地理をなぜ勉強するのかといったことまで書いてみました。地理的な事象だけからの雑談ではなく、地理を学習する意味といった地理の哲学的な雑談をも含めて、地理の魅力に迫ろうとしています。

地理は、知識や地図を読んだり書いたりする技能だけでなく、どのような観点から考察すると地理となるのかを示した、地理的な見方・考え方が重要です。

それは、五つの地理学的概念にもとづいています。つまり、①位置・分布、②場所の特性、③自然環境と人々の生活とのかかわり、④交通や貿易に見られるような地域間結合、⑤地域という空間的なまとまり、です。地域の中では様々な事象が関連し、時間とともに変化していきます。本書でも、この五つの地理学的概念、つまりは地理的な見方・考え方を踏まえています。

本書を読むにあたり、地図帳を横において、地図帳で場所を確認しながら読んでもらえると、地理の見方がよりいっそう深まります。ぜひ、地図帳を横において読んでください。

井田　仁康

Contents

■ 世界の諸地域

世界の様々な地域

地域調査の手法

日本の様々な地域

日本の地域的特色と地域区分

日本の様々な地域

地域の在り方

日本の様々な地域

■世界と日本の地域構成　地域構成

日本から東へ行くと、チリに着く?!

授業のどんな場面で使える?

地球が球面であることから、平面の世界地図に表すと歪みが生じます。地球儀と世界地図とを比較しながら、地球上の位置について学びます。

日本から東へとは?

「日本から東へ行くと、どこに着きますか?」と質問されたら、どう答えますか? 地図帳や教科書の世界地図を見ると、緯線(赤道と平行に引かれ、同緯度を結ぶ線)が横に直線に引かれ、日本からその線に沿うとアメリカ合衆国、西日本からだとメキシコに着きそうですね。ところが、地球儀を見てみましょう。地球儀で東京を見つけてください。

東京での東の方向を地球儀で確認するためには、東京を通る経線(北極と南極を結ぶ経度を表す線)に直角に交わる線を引き、その線が、東京での東西を示す線となります。地球儀上で東京を通る経線が引かれていなければ、日本の標準時となる東経一三五度、明石を通る経線でも構いません。経線と交わる線を細い糸やテープにすると、地球儀を汚さないで済みます。その経線と直角に交わる線ですが、それをまっすぐに伸ばしていくと、経線と並行になるでしょうか? 経線と平行になるように、途中で線を曲げようとしないでくださいね。素直にまっすぐにしてください。

どうでしょう? 東京や明石で経線と直角にしたはずの線が、東京や明石から離れると、緯線とどんどん離れていきませんか? そして、その線が行き着くところは、南米のチリやアルゼンチンになります。つまり、日本の東にはチリやアルゼンチンがあるのです。

日本から東へのもう一つの解釈?

それでは、はじめの問いである「日本から東へ行くと、どこに着きますか?」の正解は、チリやアルゼンチンで、アメリカ合衆国やメキシコは誤答なのでしょうか?

どうも、はじめの質問が、どちらでもとれそうです。つまり、「日本から東へ(常に東へ東へ向かっていく)」という意味で使っていると、アメリカ合衆国やメキシコは正解です。しかし、「日本から(見て)東へ」という意味で使っていれば、正解はチリやアルゼンチンとなります(下の図を参照)。

もし、「日本から東に行くと、どこに着きますか?」と質問を投げかけられたときは、どのような意味で聞かれたのか、逆に質問をしてみるのもいいかもしれません。

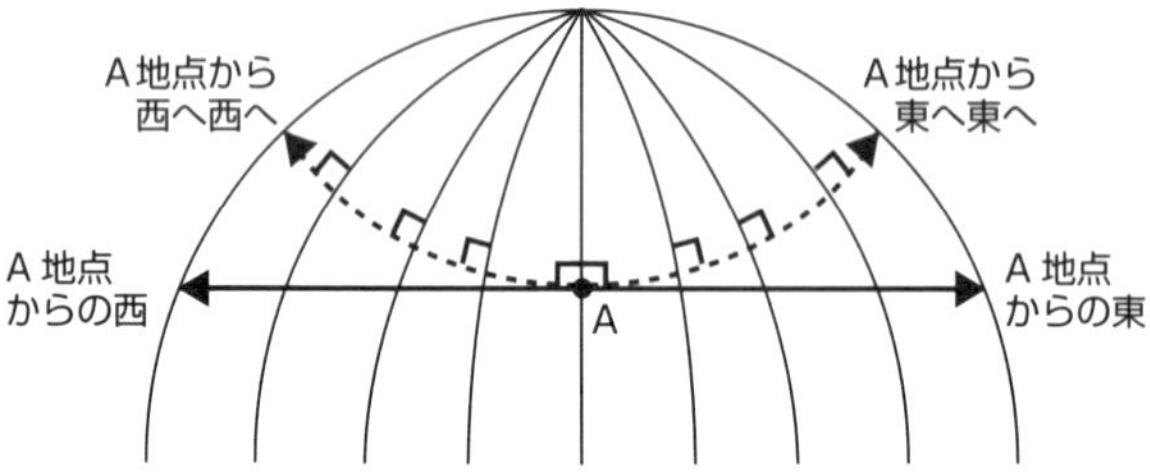

日本から東へ行くと…

このように、「日本から東へ行く」という意味が2つにとれてしまうというのは、地球が球面で、世界を一枚の平面の地図で表そうとするとどうしても地図に歪みが出てしまうので、平面で見る印象と、地球（儀）という球面での現実が一致しなくなってしまうことによっています。

しかし、磁石を使って航海をしていた時代は、メルカトル図法などの経線や緯線が直角に交わる平面の地図は重宝されていました。

航海で実用的だった地図

磁石を使って東へと進路をとることは、常に経線と直角に進んでいることを意味します。また、行き先が決まれば、出発地から目的地まで直線を引くことで、常に経線とどのくらいの角度で進めばいいのか計算ができます。しかし、それで示されたルートが、必ずしも両地点を結ぶ最短距離というわけではありません。

現在では機器が進歩して、方位磁石に頼らなくてもよくなったので、飛行機などは最短距離に近い航路を飛んでいます。メルカトル図法などの一枚で世界を表現する地図は、航海などの交通の道具としての重要性は低下しましたが、世界の国々の位置を把握するためには、有用だといえるでしょう。

東京からニューヨークへの飛行機は、大回りをしている?!

授業のどんな場面で使える?

地球が球面であることから、平面の世界地図に表すと歪むことの一つに、距離の歪みがあります。見慣れた世界地図では、球面の実際の距離とは異なることを学びます。

東京とニューヨークの最短距離はどこを通る？

世界地図を開いてみてください。東京からアメリカ合衆国のニューヨークまで、最短距離で行くとしたら、どこを通るでしょう？　世界地図は、多くの場合、メルカトル図法やミラー図法といわれる、世界が一目でわかる地図が用いられます。それは、大陸や国の形がわかりやすいからです。ただし、大きさは高緯度になるほど実際よりは大きくなります。しかし、世界の大陸の形がわかりやすいので、世界をイメージしやすくなります。

さて、このような地図で見ると、東京とニューヨークとの最短距離は、太平洋を横断し、アメリカ西海岸のサンフランシスコの上を通って、ニューヨークに至る経路が最短のように見えます。しかし、日本からアメリカ合衆国へ行く飛行機に乗ると、飛行機は東に向かわず、北東を目指します。もし、飛行機に乗る機会があったら、飛行機が飛んでいる位置を示す地図を見てください。飛行機はアラスカに向かって飛んでいくのがわかります。アラスカ上空を飛んだ飛行機は、カナダの上空を経てニューヨークに至ります。この経路をメルカトル図法の地図で見ると、大回りをしています。しかし、これが最短距離なのです。

最短距離を知る方法

東京とニューヨークの最短距離を知る方法は、東京を中心とした、正距方位図法による地図を使います。しかし、この地図は東京からの方位や距離が正確ですが、地図の中心（東京）から離れた地点同士の距離は正確には測れません。また、地図の周囲では大陸などの歪みが大きく、世界をイメージしにくくなります。そこで地球儀を活用します。

地球儀での距離の測り方?

まず、細めの糸やテープなどを準備します。その糸やテープを両手でピンとのばします。その糸やテープを測りたい都市（東京とニューヨーク）を両端にして地球儀に貼りつけてください。この糸やテープが両都市間の最短距離となります。世界地図ではわかりにくい最短距離を地球儀上で示すことができます。

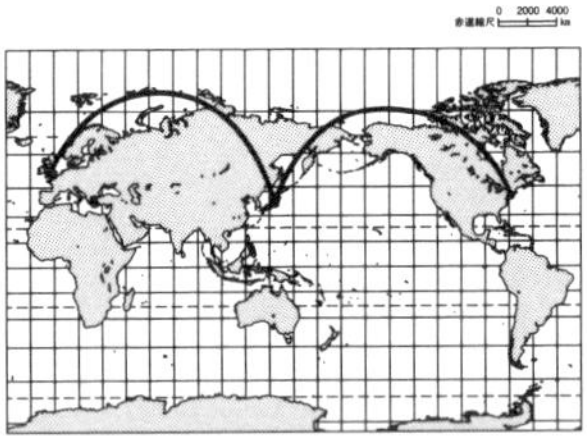

世界地図での最短距離
東京・ニューヨーク，東京・ロンドン間。遠周りのようですが地球（球面上）での最短距離です。

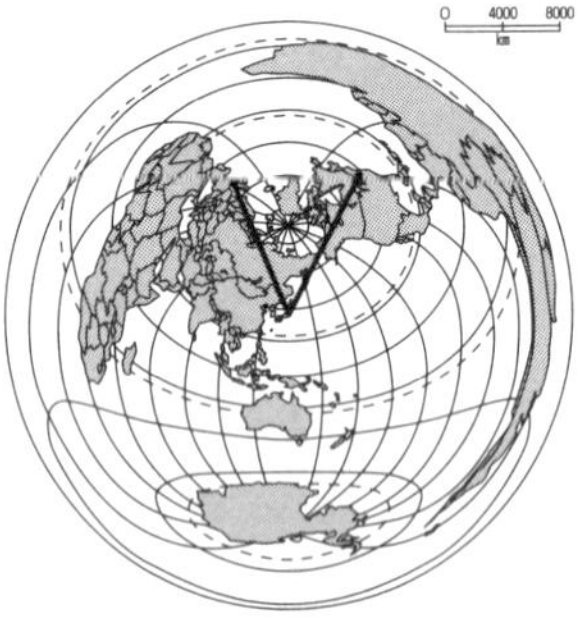

正距方位図法
中心（この図では東京）からの方位や距離が正しく示せます。この図だと最短距離が直線で結べます。ただし，それは中心からのみに限定です。

東京とロンドンの最短距離は、世界地図で見ると、中国やカザフスタン、東ヨーロッパを通るように見えますが、地球儀で測ってみると、ロシアのシベリアを通り、さらには、北ヨーロッパを通るのが最短距離であることがわかります。このように東西を結ぶ場合は、世界地図から最短距離を見るのが難しいですが、南北、例えば、東京とオーストラリアのシドニーなどは、世界地図での最短距離が実際の最短距離となります。

最短距離を飛べるとは限らない？

東京とニューヨーク、東京とロンドンを結ぶ飛行機は、地球儀上で測った最短距離を飛びますが、上空を流れている空気の流れ（気流）などの影響を受けて、少しずれる場合もあります。飛行機は最短距離や安全性などにもとづいて航空路が決められ、その航空路を飛んでいます。また、政治的な理由で、最短距離を飛行しないこともあります。東京と北京の最短距離は北朝鮮上空を通過しますが、日本と北朝鮮は国交がないことなどから、北朝鮮上空を飛ぶことが許可されていません。したがって、韓国上空から北朝鮮上空を迂回するように飛行機は飛んでいきます。

地球儀で世界の都市間の最短距離を測ってみてください。いろいろな発見があると思いますよ。

三六〇度を二四時間でわっても時差は求められない?!

授業のどんな場面で使える?

地球が球面であることから、世界各地の位置によってそのときの時刻が変わります。実際の時差は経度だけでは決まりません。時差を学ぶ場面で使えます。

時差の計算と経度〇の意味

地球は、二四時間で自転しています。地球を北極上空から見ると、円のように見えるので、一周は三六〇度。三六〇度を二四時間でわると、一時間で一五度進むことになります。つまり、太陽が真上にある時刻（一二時）は、一五度違うと一時間ずれることになります。これが時差です。地球を北極上空から見て、三六〇度に分けるときに、どこか基準の線を設定したい、こうして設定されたのが北極点から南極点に人工的に引いた線、つまりは経線のうち、イギリスのグリニッジ天文台を通る線を経度〇として、この線（本初子午線）を基準とすることになりました。

この経線の東を東経、西を西経として、北極上空から見て経度〇の線から何度離れているかで東経〇度、西経〇度と決められました。東経一八〇度と西経一八〇度は同じ経線となり、緯線〇度から東へ一八〇度は、計算上時差は一二時間進み、西へ一八〇度では一二時間遅いことになります。つまり、ここで二四時間ずれるので、一八〇度の経線を東から西へ行くときには日付を一日進め、西から東へ行くときには一日遅らせることになります。

経度の幅は緯度によって違う！

経度と経度との幅は、メルカトル図法では平行で幅は変わりませんが、実際の球体では北極点、南極点では収斂して点になってしまうので、間隔はなくなります。赤道に近づくほど、経線と経線との幅は広くなります。東京に近い緯度だと経度一度あたり約九〇km、赤道付近では一周が約四〇〇〇〇kmですから、経度一度あたり一一〇km程度になります。

つまり、経度一度は、緯度（赤道を〇度、北極、南極を九〇度として、その位置を角度で示す）によって、その距離は異なるのです。赤道付近では、一時間の時差の距離は一六〇〇km以上ありますが、緯度が高くなると、緯度八〇度くらいのところでは三〇〇kmほどで一時間進んだり、遅れたりすることになります。

計算通りにはいかない実際の時差

計算上は経度が一五度違うと、時刻は一時間違うわけですが、実際には、経度も時間も連続しています。つまり、計算上は経度が五度違えば、時刻は二〇分違います。しかし、それでは経度がちょっとでも変われば時刻も変わってしまうので、かえって不便です。

そこで、国ごとで標準時を決め、ある程度経度が違っても、その国の標準時で時刻を決めています。面積の広いアメリカ合衆国、カナダ、ロシア、オーストラリアなどでは、国の中でもいくつかの標準時を分けています。面積の広い国でも、中国は国としては一つの標準時を用いています。中国は、東から西まで約六十度にわたっており、計算上は中国の西端と東端は四時間違いますが、公式には中国のどこでも同じ時刻です。

入り組んだ時差

一八〇度の経線上にある国は、計算上経線の東と西とで日付が変わりますが、それは不便です。そこで、そのような国は経度を越えてもその国の標準時を採用し、日付変更線は経線の一八〇度とならない場合もあります。キリバスはそうした国の一つですが、ここでは日付変更線が大きく東に張り出すようになります。さらに、サマータイムの導入が時差を複雑にします。サマータイムとは、夏の太陽の出ている時間を有効に活用するため、夏の間だけ時刻を一時間早めることです。北米やヨーロッパ、オーストラリア、ニュージランドなど多くの国で採用されていますが、厄介なのは、同じ国でもサマータイムを採用する地区としない地区があることです。アメリカ合衆国やオーストラリアでは、隣り合った州が異なる標準時を採用している場合、通常州を越えると時差があり、一時間進めたり遅らせたりしますが（オーストラリアでは時差が三〇分ということも）、夏には一方の標準時のみがサマータイムを採用するので、夏場のみは州を越えても時差がない場合も出たり、反対に通常は時差がないのに、夏場だけ州を越えると時差が出たりすることがあります。

実際の時差は、三六〇度を二四時間でわって出るような、単純なものではありません。

■世界と日本の地域構成　地域構成

世界を結ぶ航空機、行きと帰りで飛行時間が違う?!

授業のどんな場面で使える?

地図や地球儀で同じ距離であっても、実際に飛行機で飛んでみると、東へ向かうときと西へ向かうときでは所要時間が変わってきます。地図の活用の場面で使えます。

航空機の発展

ライト兄弟が一九〇三年に初飛行に成功してから、航空機の技術は急速に進歩しました。一九六〇年代頃からプロペラを推進とする航空機からジェット機が国際航路の主役となり、さらには、七〇年代に入ると航空機の大型化が進み、多くの人を早く輸送できるようになりました。ジェット機の速度は、風などの影響を受けますが時速九〇〇㎞前後です。この速度はジェット機が開発された一九六〇、七〇年代と大きな違いはありません。大きく変わったのは、操縦に関するハイテク化や客室の快適性、安全性、騒音軽減や省エネといった経済性などです。日本では、国外に旅行する九九%の人が航空機を利用しているようです（高橋伸夫ほか編『改訂新版　ジオグラフィー入門』古今書院、二〇〇八年）。国内でも、航空機を利用して旅行する人は少なくありません。「海外旅行はお金がかかる」といわれた時代から、場合によっては国内旅行よりも安く行けることも多くなりました。ＬＣＣ（格安航空会社）などにより、国内、海外とも航空機を安く利用できるような状況になってきています。航空機の中での機内食や映画、ゲームを楽しみに乗っている人も少なくないでしょう。航空機だけでなく、交通機関を単なる移動手段としてだけではなく、航空機や船、列車、バスに乗ることそれ自体を楽しもうとしている人も少なくありません。

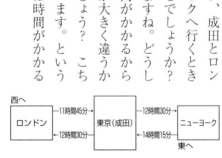

航空便の時刻表を見てみよう

航空便の時刻表を見てみましょう。成田とニューヨーク、成田とロンドンの時刻表を見比べてみましょう。成田からニューヨークへ行くときの飛行時間と、ニューヨークから成田への飛行時間は同じでしょうか？ 成田からニューヨークへの飛行時間の方が短くなっていますね。どうしてでしょう？ 成田空港が混んでいるので、到着まで時間がかかるからでしょうか？ 行きと帰りとでは、飛んでいる飛行航路が大きく違うからでしょうか？ 成田とロンドンとの飛行時間はどうでしょう？ こちらは成田からロンドンまでの方が飛行時間が長くなっています。ということは、成田空港が混んでいるので成田へ向かう飛行機は時間がかかるということではないようです。

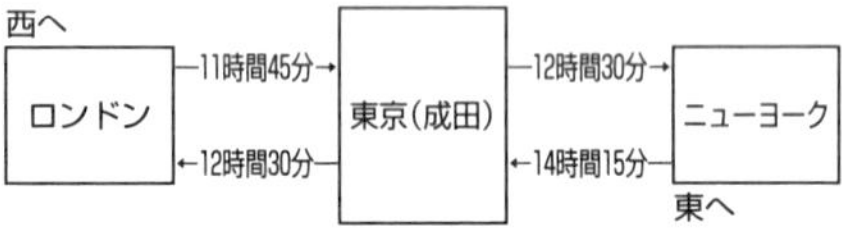

東京（成田）からニューヨーク，ロンドンへの所要時間（2017年10月『ＪＴＢ時刻表』）

偏西風（ジェット気流）の影響

日本の上空（中緯度）、航空機が飛行する高度一〇〇〇〇m付近（対流圏といいます）では、西から東へと蛇行しながら偏西風が吹いています。この強い流れの偏西風を、ジェット気流といいます。このジェット気流は、毎秒三〇m（時速一〇八km）以上で、強いときは毎秒一〇〇ｍに達することもあるようです。日本から東、つまり、ニューヨークなどのアメリカに向かうときは、この風の流れは追い風となり、航空機の同じ推進力でも地面に対する速度は速くなり、時速一〇〇〇㎞を超えることもあります。同じように、ロンドンから日本へ飛ぶ場合にも、西から東へと吹くこのジェット気流を追い風にすると早い速度で飛ぶことができます。したがって、中緯度を飛ぶ航空機は、ジェット気流を追い風にすることにより、飛行時間を短縮することができるのです。他方で、東から西に行く場合、つまり、ニューヨークから東京、東京からロンドンに向かう場合は、ジェット気流が向かい風になり、航空機の速度が落ちてしまうので、飛行時間は長くなります。航空機は、できるだけ強いジェット気流にあわないような高度、航空路を選択するようになります。ジェット気流は、冬場にはさらに南下してくるので、日本上空では夏場より冬場がジェット気流の影響を受けやすくなります。この影響は、国際線だけでなく国内線でも見られ、同じ区間でも東へ向かう場合の方が、飛行時間が短いことが少なくありません。もっとも、空港が混んで着陸できずに上空で待機することもあるので、飛行時間の短い国内線では、このジェット気流の影響を国際線ほど感じることはないかもしれません。

なお、偏西風は、地球が西から東へと自転することにより生じる空気の流れです。

地域構成

オーストラリアは大陸、それとも島?!

授業のどんな場面で使える?

人々は、大陸や島といった陸地に住んでいますが、大陸と島はどのように区別をしているのでしょう。大陸の説明の場面で使えます。

大陸より大きな島がある！

世界地図を開き、世界の六大陸を見つけてください。ユーラシア、アフリカ、北アメリカ、南アメリカ、南極、そして、オーストラリアとなります。なお、世界を六州に分けてアジア、ヨーロッパ、アフリカ、北アメリカ、南アメリカ、オセアニアに分けることがありますが、この場合は、ユーラシア大陸の中にアジア州とヨーロッパ州があり、かつ大陸だけでなくその周辺の島なども含む（南極大陸は含まれません）ので、大陸と州は、その範囲が一致しているわけではありません。さて、今、開いている世界地図で、オーストラリア大陸より広い島はないでしょうか？　多くの世界地図では、北にグリーンランドがあり、グリーンランドは、地図の図法にもよりますが、オーストラリア大陸より広く見えないでしょうか？　グリーンランドは、大陸ではなく島なのです。つまり、大陸より広い島があるということになります。しかし、地球儀で確認すると、グリーンランドはオーストラリア大陸より小さいです。世界地図では高緯度になるほど、つまり、北極や南極に近いほど広く表されます（図法により異なります）。世界を一枚の地図で表現しようとすると歪みが出て、縮尺（実際の長さが地図上の長さではどのくらい縮小されているか）が地図の場所によって異なることから、特に低緯度と高緯度では大きさが比較できません。

地球儀は球面で示されるため、場所による縮尺の違いがないので、大陸や島の大きさを比較することができます。実際には、オーストラリア大陸が約七七〇万㎢、グリーンランドが約二一八万㎢ですから、オーストラリア大陸は、グリーンランドの約四倍ということになります。グリーンランドは、世界地図上ではオーストラリア大陸より広く見えますが、実際は約四分の一の広さなのです。なお、グリーンランドは世界で最も大きい島なので、オーストラリア大陸より大きい島はありません。

大陸と島の違い

大陸も島も四方を海に囲まれています。「四方を海に囲まれた陸地」と定義すると、大陸も島となってしまいます。大陸と島を区別する数値的な定義はありません。六大陸のうち、最も小さい大陸はオーストラリア大陸です。一方、最も大きな島はグリーンランドです。したがって、オーストラリア大陸より広い陸地は大陸、グリーンランドより小さい陸地が島ということになります。海面変動などにより、オーストラリア大陸より小さく、グリーンランドより大きな陸地が出現したら、それは大陸？　それとも島でしょうか？

地形の判断は難しい！

大陸と島だけでなく、自然現象で存在する地形などは、名前が初めからつけられているわけではありません。人が便宜的につけていったものです。三方が海に突き出た陸地を半島といいます。しかし、半島よりずっと小さい三方を海に囲まれた陸地は岬といいます。感覚的には大きいものが半島、小さいものが岬と理解できますが、その境は、大陸と島と同様にはっきりはいえません。世界地図を見てみましょう。三方を海で囲まれた陸地は、数多く見つけられないでしょうか？　サウジアラビアなどの国があるアラビア半島は、グリーンランドより広い約二七三万㎢もある半島です。インド半島も広大な半島です。これらの半島では、半島の中にさらに半島があります。他方、日本でも、房総半島や伊豆半島をはじめ様々な半島がありますが、本州が約二三万㎢ですから、アラビア半島やインド半島と比べるとそれこそ桁違いに小さい半島です。大陸と島は大きさで分けられていますが、半島は、大陸と島ほど広さに大きな差がないので名称が分けられていないようです。

一方、また世界に目を向けると、アフリカ大陸の中央及び南アフリカも三方を海に囲まれています。アラスカもそうして見ると半島と見えなくもありません。このように、半島は大きいものから比較的小さいものまであり、さらには半島と見えなくもないものが半島となっていないこともあります。同様に、湖と池の違い、島と岩の違いなど区別が難しいものもあり、それが国際問題にかかわることもあります。

■世界の様々な地域　世界各地の人々の生活と環境

タイでは高床から残飯を落として家畜の餌にしている?!
―様々な地域の高床式

授業のどんな場面で使える?

人々は、地域の自然環境などに合わせて暮らしていますが、高床式の家は暑い地域でも寒い地域でも見ることができます。環境と人々の生活を説明する場面で使えます。

高床式の家

高床式の家とは、地面と接しないように、地面と床とに空間をつくって建てた家のことです。教科書では、暑い地域での高床式の家しか紹介されていないかもしれません。しかし、寒い地域でも、高床式の家を見ることができます。同じ高床式の家といっても、暑い地域と寒い地域では、その目的や家の構造などは異なります。そこで、暑い地域と寒い地域の高床式の家を比較してみましょう。

暑い地域での高床式の家

タイやマレーシアなどの湿気が多く、暑い地域では、高床式の家屋が見られます。床を地面から離すことで、家の中だけでなく、床下の通気性がよくなり、家全体の通気性が保たれ、暑さをしのぐことができます。また、雨などが多く降り、雨水が地面を流れるようなときでも、床が高い位置にあれば水が家の中に流れ込むこともありません。そのため、平地だけでなく、山間部でも高床式の家は都合がいいといえます。

タイなどの農村部、山間部での高床式の家では、人が住む床の下と地面との間の空間を利用して豚や鳥などの家畜を飼うこともあります。雨が降っても家畜は濡れることがなく、また、人間が食事をした残り物を、床の穴などから直接下に落とすことで、すぐに家畜の餌とすることもできます。家畜の匂いは、床下が開放的なので家の中にこもることがなく、外に流れていくので弱まります。こうした床下の有効利用もなされることもあります。

寒い地域での高床式の家

他方、寒い地域でも、高床式の家を見ることができます。寒い地域では、冬場に家の中を温め、その暖気が外に逃げないように家は密閉されています。暑い地域での通風のいい家とはまったく異なります。また、寒い地域では、外の冷たい空気が窓ガラスなどを通して伝わらないように、二重窓にしたり、窓を小さくしたりするなどの工夫が見られます。また、寒い地域では土が寒さで凍ります。家の中が温かく、その暖気が凍った地面に伝われば凍土となった地面が融けてしまい、その融け方が一様でないために、融けた場所から家が沈み、傾いてしまいます。そのため、家の暖気が直接地面に伝わるのを防ぐために、高床式の家を建てます。こうした高床式の家は、ツンドラ地帯であるカナダ北部やロシアのシベリアなどでよく見かけます。

温暖な地域でも見られる高床式

日本でも、高床式の建物は見ることができます。一二〇〇年以上も前に建てられたとされる東大寺の正倉院は高床式です。正倉院は倉庫として建てられましたが、コメなどを貯蔵するための高床式倉庫は日本各地で見ることができます。ネズミなどの侵入を防ぐことが、高床式倉庫をつくる大きな目的の一つですが、地面からの湿気を防ぎ、カビなどの発生を抑える目的もあったかもしれません。さらに、高床式倉庫は、日本のみならずスイスなどでも見ることができます。スイスでもネズミなどの侵入を防ぐこと、冬場に雪が降っても倉庫から食料などが取り出せることなどを目的に高床式倉庫が使われました。

　このように、高床式の家屋や倉庫は、暑い地域でも寒い地域でも温暖な地域でも使われていますが、建物の形態や利用の目的は、その地域の自然条件などで異なっています。

カナダ（寒い地域）での高床式家屋

ヤップ（暑い地域）での高床式家屋

スイスでの高床式倉庫

■世界の様々な地域　世界各地の人々の生活と環境

世界最大の砂漠は南極?!

授業のどんな場面で使える?

降水量が少ない砂漠気候が、南緯及び北緯二〇度から三〇度付近に広がります。しかし、その他にも広大な砂漠があります。乾燥地域の説明の場面で使えます。

砂の砂漠は多くない

砂漠といえば、砂で一面が覆われて、ラクダが闊歩している風景を思い浮かべる人が多いのではないでしょうか？　「砂漠」という漢字そのものが、砂をイメージさせますよね。しかし、砂漠に砂があるとは限りません。世界の砂漠で砂があるのは約二割だといわれています。砂で覆われた砂漠は「砂砂漠」といいますが、砂漠の八割は、岩石がむき出しになっていたり、小さな石の粒で覆われたりしている「岩石砂漠」（小さな石の粒で覆われた場所は「礫砂漠」という）です。

学者によっては、砂による砂漠だけをイメージしないように「沙漠」ということもあります。つまり、水が少ないという「沙」という漢字を充てることで、より正確な砂漠をイメージしてもらおうということです。岩石砂漠は、赤茶けた地面が広がっていたり、雨が降れば草が生えたりすることもあるので、「砂漠」からはイメージしにくい風景です。しかし、そのわずかな草を求めて、羊などを飼って移動する遊牧民がいます。

砂漠でも川がある

砂漠でもまとまって雨が降ることがあります。森林がないので、降った雨は勢いよく低い土地に向かって流れます。その流れる道筋が川です。しかし、その川はあふれやすく、そのため、洪水が起こりやすくなります。雨があがると水はなくなり、川の道が残ります。この川の道がワジと呼ばれています。めったに降らない雨ですが、雨が降ればワジに水が集まり、水を得やすいのですが、その周辺では洪水も起こりやすくなります。

砂漠の憩いの場所

砂漠での生活は、水が得にくく厳しいのですが、地下から泉がわくオアシスがある場所では、農業が行われ、人々が定住している場所があります。古くからオアシスは人々が住み、砂漠を越えて旅する人々、そして、動物にとっては、水の補給ができる憩いの場所でした。常に緑もあり、緑のない砂漠を長く旅してきた人々には心から休まる憩いの場所だったのでしょう。そこには街（都市）ができ、砂漠を通る交通路の拠点となって繁栄したところも少なくありません。シルクロードなど砂漠を通る道は、オアシスをつなぐようにしてつくられていました。

ラスベガス近郊乾燥地帯（アメリカ）

砂漠化した地面（カザフスタン）

砂漠は暑い！

砂漠では、昼間の気温が上がりますが、夜は気温が低く、一日の寒暖差が大きくなります。そのような砂漠でも、熱帯や亜熱帯にあるような砂漠は暑い砂漠で、アフリカのサハラ砂漠、カラハリ砂漠、オーストラリアの砂漠などが暑い砂漠とされます。一方で、気温がとても低くなる砂漠もあります。モンゴルのゴビ砂漠などはその例で、緯度も東日本かそれ以上に高く、内陸でしかも標高も高い砂漠です。そのため、夜になると気温がとても低くなり、昼でも冬場は気温が上がりません。寒い砂漠といえるでしょう。

世界最大の砂漠は南極！

しかし、もっと寒い砂漠があります。それは南極です。南極には雪が少し降りますが、雨は降りません。したがって、最も乾燥した大陸であり、世界最大で、非常に寒い砂漠ということができます。南極の冬は大陸の約九五％が氷に覆われてしまい、砂漠といってもほとんどが氷で地面が見えないのでイメージはわきませんが、氷の下は岩石砂漠といえるでしょう。南極ではブリザードという最大瞬間風速八〇ｍを超える強風が吹くことがありますが、地面も周囲も真っ白でさらに視界が悪く、方向感覚がまったくなくなるそうです。また、南極の平均高度は約二三〇〇ｍで、最も標高の高い大陸でもあります。

■世界の様々な地域　世界各地の人々の生活と環境

アラル海の縮小で、魚も減り、漁業も衰退し、子どもの関心も変わった?!

授業のどんな場面で使える?

乾燥地域では水が重要で、水の有無により生活がまったく変わります。アラル海の縮小も水の確保が原因です。乾燥地域の人々の生活を説明する場面で使えます。

縮小するアラル海

中央アジア、カザフスタンが出ている地図帳のページを開いてみてください。カザフスタンの面積は、世界でも九位と広い国ですが、国土のほとんどが乾燥地帯なので、広い地域で遊牧が主として行われていました。カザフスタンの中西部には、アラル海が隣国のウズベキスタンにまたいで存在していました。一九六〇年には、約七〇〇〇〇㎢の北海道よりやや小さい大きな湖でした。

その頃の地図帳には、アラル海が広く描かれています。しかし、それからアラル海はどんどん縮小して大アラル海と小アラル海に分裂し、二〇一〇年頃には、一七〇〇〇㎢まで縮小してしまいました。アラル海の縮小は、世界的に注目され、聞いたことがある人もいるかもしれません。なぜ、比較的短期間でアラル海は縮小してしまったのでしょうか?

農業用水の確保

カザフスタンは、ソ連から一九九一年に独立していますが、ソ連時代には穀倉地帯といわれていました。それは、アラル海に流れ込むシルダリア川からの水を、灌漑用水として取水できたからです。カザフスタンは、国土の大部分が砂漠気候及びステップ気候といった乾燥地帯です。そのため、コメや小麦といった穀類、綿花の栽培地とするためには、水の豊富な河川から水を引き、灌漑できることが必要でした。ソ連から独立した後も、穀倉地帯を維持するためには、シルダリア川からの引水が必要でした。

こうしたことから、シルダリア川からアラル海に流入する水は減っていきました。アラル海に流入するもう一つの大きな河川であるアムダリア川についても、同じようなことがいえます。アラル海に流入する水が減ることにより、アラル海の水が干上がっていき、アラル海は縮小していきました。

アラル海周辺の人々の暮らしの変化

アラル海に水が豊富だった頃は、アラル海での漁業が盛んでした。アラル海が縮小することにより、魚も減り、漁業も衰退します。アラル海のほとりにあった漁村の中には、アラル海まで一〇km以上、中には四〇kmも離れてしまった村もあります。こうした村では多くの人が漁業を諦めてしまい、漁船が陸地に放棄されてしまったようなこともありました。かつて湖底だった場所は、一面の砂地になり、砂漠のようになった場所もあります。その砂が強い風で舞い

1970年頃までは
アラル海の水底でした

上がり、砂で埋もれてしまう家も出てきました。このような村では、村を離れていく人も多くいました。

アラル海の再生に向けて

アラル海の縮小は、産業面だけでなく、気候にも影響を与え、寒暖差が大きくなったという指摘もあります。以前はアラル海に面していた村が、湖の縮小で湖岸まで十数kmも離れてしまったことで、その村の子どもたちは、アラル海にあまり関心をもたなくなってしまいました。しかし、一方でカザフスタン政府は、小アラルといわれるアラル海の北側で、湖に堤防や水門を設け、まずは小アラルに水を戻そうとしています。

その効果は徐々に見られ、漁業が多少とも盛んになりつつあり、小アラルの周辺では、木々も復活してきました。他方、大アラルといわれる南側では、さらに水が供給されなくなり、水がさらに干上がっています。小アラルが再生され、次に大アラルの再生が図られる計画です。自然は短時間で失われますが、再生まではとてつもなく長い時間がかかりそうです。

伝統的な生活を営めるのは、金持ちのイヌイットだけ?!

授業のどんな場面で使える?

カナダ北部の先住民族イヌイットは、陸上や海の動物を捕獲するために移動しながらの生活から定住生活へと変わりました。寒い地域の人々の生活の説明に使えます。

定住するイヌイット

カナダでは多民族の人々が住み、それぞれの民族を尊重しようとしています。その一つとして、一九九九年に、先住民族の一つであるイヌイットの自治を広く認めるために、ヌナブット準州がカナダ北部につくられ、州都はイカルイットとしました。こうしてイヌイットの自治を尊重するとともに、イヌイットの定住化を進めました。

イヌイットの伝統的生活は、イグルーといわれる氷雪でつくられた家に住み、アザラシやカリブー（トナカイ）などを追った狩猟活動を主としたものでした。イグルーは比較的短時間でつくれるので、氷の上を移動して生活する人々には便利な家でした。氷の解ける夏には、クジラや魚の漁猟活動も行っていました。冬場の狩猟活動では、犬ぞりで移動し、夏場の海では舟を使っていました。しかし、移動生活は子どもの教育などにも支障が出るなどのために定住化が図られたのです。

定住化したイヌイットの生活

しかし、定住したすべての人に仕事があるわけではありません。生活保護を受ける人々も多いのが現状です。安い賃金仕事をするよりは、生活保護を受けた方が収入が多くなるので、無理に仕事に就かない人々も多くいます。一方で、伝統的な狩猟活動なども続けたいと思う人も少なくありません。仕事をもっている人は、休暇をとって狩猟に行くことはできます。しかし、狩猟の仕方は以前とは大きく変わっていきました。

お金のかかる伝統的な生活

犬が引いていた狩猟に出るためのソリは、スノーモービルで引くようになりました。漁に出る舟も、エンジンをつけたものとなりました。そのため、スノーモービルや舟を買うだけの経済的余裕があるイヌイットのみが、伝統的な狩猟活動ができるということになります。伝統的な狩猟活動ができるイヌイットは、州都イカルイットで約半数だろうといわれます。一方で、定住化が図られることで、子どもたちの教育は保障されるようになり、イカルイットのスーパーマーケットには、他のカナダ国内と変わらない商品が売られています。イヌイットの生活は便利になりましたが、他方で、伝統的な生活がしたくても、できなくなってしまった人もいます。

犬に代わって
スノーモービルが引くそり

ヌナブット準州イカルイットの
定住住宅

便利な生活と生きがい

カナダにはイヌイットだけでなく、他の先住民族もいます。また、カナダ北部の寒い地域に住む先住民族は主にイヌイットですが、アラスカの北方先住民族はイヌピアットです。こうした伝統的な生活を守ってきた様々な先住民族が、イヌイットの例で見るように、自分たちの生活スタイルを変えていっています。その生活に適応できる人も多くいますが、適応できない人も少なくありません。仕事がなくても、政府から受給されるお金で生活はできますが、生きがいを失う人も少なくなく、それが社会問題となっています。生きがいを失うことで、アルコール依存症になったり、薬物に手を出したりすることもあります。また、自ら命を落とす人が少なくないことも大きな課題です。イヌイットをはじめとして、伝統的な生活を営めなくなった人々に、どのようにして自分たちの生きがいを見つけてもらうのか、みんなで考えていかなければならない社会問題です。

地球温暖化による海面上昇、住民は危機感がうすい?!

授業のどんな場面で使える?

変化が日常的にゆっくり進むと、あまり意識しないことがあり、それが地球的課題であっても「灯台下暗し」となります。地球的課題を説明する場面を想定しています。

地球温暖化による海面上昇

地球温暖化による海面上昇は、地球的な課題となって解決を迫られています。南太平洋の島々では、集落が海水につかり、このままでは集落のみならず、島全体が海に飲み込まれてしまう心配もあります。住民がすでに他の島や他国に移住する事態になっています。

こうした海面上昇により、被害が明瞭に見られるのは、海抜高度の低い島です。比較的海抜高度の高い島では、多くの人が海辺から離れて住んでいることもあり、危機感がうすい場合もあります。しかし、海面上昇の影響は確実に見られます。

なぜ、住民に危機感がうすい？

海面上昇は、急にやってくるというよりも、何年もかけて、じっくりその影響がやってきます。そのため、住民は徐々に変わる変化にはなかなか気づきません。その例として、ミクロネシア連邦のヤップ島を紹介します。ヤップ島は火山島で、平坦なサンゴ礁などからできた島と比較すると、海面上昇の影響は少ないといえます。しかし、その影響は確実に見られます。

漁をする人たちがいました。彼らの家は、海岸から離れた集落にあるので、舟がつけてある係留地までは少し距離があります。その漁師さんたちが、この頃舟をつける係留地まで短くなって便利になっていると感じていました。しかし、これは、海面が上昇するにつれ、舟の係留地が島の内陸部の方に移動してきたためです。また、海岸沿いには、ヤシの木が植えられていますが、このヤシの木の根元が波に洗われ、根がむき出しになり、倒れたヤシの木や倒れそうなヤシの木も多く見られます。しかし、住民にとっては、ゆっくりした変化は、自分たちの生活の中に溶け込んで、その変化の重要性に気づかなかったり、気づくのが遅れたりします。そのため、危機感がうすくなってしまいます。

私たちの生活でも、同じようなことがいえます。そうしたときに、外からの目が重要になり、住民が気づかなかった重要な観点を指摘できることがあるのです。このように、住んでいてよくわかることもありますが、そこに住んでいるからこそ、気づくことができず、外から見ることでよく見えることもあります。地理での日本や世界の学習では、外から見ることの大切さという意義もあるのです。

海面上昇により波で根本の砂が流されてしまったヤシの木（ヤップ島）

住民の人が気づく地球温暖化の影響

南太平洋は、海洋リゾートとしても人気があります。熱帯の海洋リゾートを紹介する際には、雨季と乾季があり、乾季が旅行にお勧めといわれてきましたが、雨季と乾季の区別がはっきりしなくなってきたといわれます。

そのため、住民の人に「今は雨季ですか、乾季ですか？」と聞いても、「雨季」と答える人も「乾季」と答える人もいます。「最近はよくわからなくなってきた」と答える人もいます。また、台風が増えたという人もいます。このような気候の変化は、地球温暖化の影響と見られています。徐々に変わっていく変化ですが、危機感をあまりもっていない住民も「気候が変だ」と感じている人は多いようです。

このように、地球温暖化の影響は、いつのまにか、私たちの生活に忍び寄っています。私たちももっと危機感をもって、この問題に取り組まなければいけないのでしょう。身の回りの気づかないところに、当たり前と思っていることに、地球温暖化の影響は表れています。

「何教を信じていますか?」という質問に隠されたメッセージとは?!

授業のどんな場面で使える?

宗教はその地域の地域性に応じて受け入れられています。どのような宗教であろうと、最も重要なことは何なのでしょう。宗教と人々の生活を考察する場面で使えます。

イスラム教の教え

イスラム教は、アラビア半島で起こり、その後、アフリカやアジアに広がりました。イスラム教は、乾燥地帯の厳しい自然条件のもとで、人々が生活していくためのよりどころとなる宗教です。一般的には、ムスリム（イスラム教徒）は、酒や豚肉を口にせず、一日五回、メッカの方角を向いてお祈りします。ムスリムが多く泊まるホテルでは、ホテルの客室でメッカの方角が示してあり、ホテルで泊まっても、どの方角に向かってお祈りしていいかがすぐにわかるようになっています。

イスラム教では、五つの義務、すなわち、アラーを唯一の神とする、ムハマドをその予言者として認める信仰、一日五回の礼拝、収入の一部を困窮者に施す喜捨、ラマダーン月（約一ケ月）の断食、メッカ巡礼があります。さらには、男性は髭を生やし、女性は頭にヒジャブ（スカーフ）を被り、腕や足を露出しない服（イランなどでは黒）を着るなどが加わります。

地域における変容

イスラム教には厳格な教えがあり、これを守る人は多数います。一方で、一九九一年に独立国家となり、信条が自由となったカザフスタンでは、宗教が復活し、キリスト教、イスラム教を信仰する人々が出てきました。もともとカザフスタンは遊牧民族の国で、八世紀にはイスラム教が伝播していましたので、イスラム教は、カザフスタンの人にとっては受け入れやすかったのでしょう。

しかしここでのイスラム教は、八世紀以前から生活様式に根づいていたアニミズム（もともとあった宗教）とが混在していました。ソ連時代に宗教活動は認められませんでしたが、独立して宗教活動が復活してからも、アニミズムと混在したイスラム教となっていることも、少なくありません。例えば、イスラム教では質素な墓ですが、カザフスタンのムスリムは、伝統的に立派な墓をつくる人も多くいます。また、遊牧民であったことから、馬乳酒を飲む習慣があり、ムスリムでもこうした伝統的なお酒を飲む人はいるようです。

また、マレーシアでは、女性のムスリムは、肌などは露出しないものの、色やデザインを自由にし、おしゃれを楽しむことができます。また、高温多湿な気候に合った素材が使われたり、ヒジャブの下に汗を吸う素材を着たりすることもあるようです。

イスラム教としての葛藤

イスラム教が地域的に拡大することで、地域によってはその伝統や自然条件などから、五つの義務を順守しないということも起こります。それに対して、「正しいイスラム教」

を主張する人もいて、同じ宗教でも意見の対立が生じることもあります。カザフスタンでは、七割の人がイスラム教の信者ですが、その国内でもそのような意見の対立があります。それは、キリスト教でも仏教でも同じことがいえます。

宗教の重要性

世界では宗教が原因で、対立や戦争が起こるといったことがあります。また、同じ宗教でも、宗教観の違いから対立が起こることがあります。しかし、宗教は戦争や対立をするためにあるわけでもなく、信仰しているわけでもありません。信じることの大切さ、平和な生活を送るためにお互い助け合い、信頼関係をつくり、個人としても集団としても、心の中でも社会の中でも、平穏に暮らせるよりどころとなるものです。

外国で「あなたは何教を信じていますか?」という質問を受けることがあります。その趣旨は、〇〇教ならいいけど、××教はダメということではなく、どのような宗教にしろ、信じられる人がすばらしいという価値観にもとづいた質問です。そこでは信じている宗教が問題なのではなく、信じるという行為が大事なのです。一方で、この宗教はこうあるべきと考える人や、地域の伝統などを踏まえて受け入れてくれればいいと考える人もいることも事実です。

カナダの公用語は「二つ」じゃない?!

授業のどんな場面で使える?

世界には様々な言語がありますが、多くの国で国語や公用語を定めています。州で公用語を定めることもあります。言語と人々の生活を学習する場面で使えます。

カナダの国としての公用語

多くの国では、その国で政治や会議など公式に使用する言語が定められています。これを公用語といいます。日本でも、多くの民族が暮らすようになり、国内ではいろいろな言語が使われていますが、日本語を国語として教え、政府機関や会議でも公式に日本語が使われています。イギリスでは英語、イタリアではイタリア語が公用語となっていますが、多くの移民があった国では、その移民の出身の国の言語が公用語となっていることも少なくありません。

カナダは、もともと先住民がいました。先住民をネイティブ・ピープル、もしくはファースト・ネーションズといいますが、その人々はカナダの人口の四％程度に過ぎません。そのため、国としての公用語は、移民の多い英語とフランス語となりました。

州の公用語

カナダには、英語を話す人が約六割、フランス語を話す人が約二割います。学校では、公用語である英語もフランス語も教えられています。カナダは、一七世紀から一八世紀にかけて、イギリスとフランスとの間で植民地争いがありました。一七六三年にイギリスが支配権を握り、イギリスの植民地となりましたが、フランスが拠点としていたケベック州には、未だに多くのフランス語を話す人々が住んでいます。カナダの地図帳を開いてみてください。カナダで最も大きな都市はトロントですが、トロントはイギリスの拠点となっており、現在はオンタリオ州の州都です。一方、フランスの拠点はケベック州で、その州都はケベック・シティーです。カナダの首都のオタワは、オンタリオ州とケベック州の境となるオタワ川沿いにつくられ、トロントとケベックのほぼ中間点です。首都のオタワは、英語系の中心州とフランス語系の中心州に配慮した立地となっているのです。

カナダでのフランス語を話す人々は、ケベック州に集中しています。そのため、ケベック州の公用語はフランス語で、ケベック州ではフランス語が主として使われます。国としての公用語は英語とフランス語ですが、州としての公用語はフランス語となります。

カナダは多民族の国で、多くの国から移民がありますが、中国人などのアジア系住民も少なくありません。アジア系住民は、太平洋に面した西海岸に多く、ヴァンクーバーでは、チャイナタウンをはじめ、韓国人が多く住む場所があり、日本人も見かけます。むしろフランス語を話す人は多くありません。

北方先住民族である、イヌイットの自治地であるヌナブット準州では、英語、フランス語に加え、イヌイット語が州の公用語となっています。ヌナブット準州では、看板などに英語でもフランス語でもない、イヌイットの文字が記されています。

カナダの公用語はいくつ？

カナダの公用語は、前述したように、英語とフランス語の二つです。それでは、一つ、あるいは三つと解答したら、間違いでしょうか？　問いに「カナダの国としての公用語」とはっきりと「国としての」と書かれていれば、その解答は「二つ」だけが正解です。しかし、州だと「一つ」のところも「三つ」のところもあるので、「カナダ」を「カナダ（国内の州も含めて）」と読んだと主張すれば、「一つ」や「三つ」も正解になるかもしれません。でも、テストのときは、素直に「二つ」と解答する方が無難です（当然ですが）。

このように、公用語が一つの言語の国、複数ある国がありますが、複数ある国は、それぞれ理由があります。また、州により使われている言語が異なり、それらを国の憲法で定めて公用語に取り込んでいるインド（連邦公用語であるヒンディー語を含め、二二言語と準公用語の英語）のような国もあり、特に公用語を規定していないアメリカ合衆国などもあります。どのような言語で意思疎通をとっていくのか、また、言語は民族の誇り、文化ともなるので、多民族国家では、それぞれの民族の言語を尊重しなければなりません。それが、それぞれの国の公用語にも反映されているといえるでしょう。

経済急成長の中国、冬場は隣のビルも見えない?!

授業のどんな場面で使える?

急成長する中国です。資源も豊富で、急速に工業化も進む中国だからこそ、生じる問題もあります。経済成長の著しいアジア州中国の学習で使えます。

急激な工業化

中国の工業化は、一九七〇年代末以降、急激に進みました。国内企業の自主的な活動を認め、外国企業の進出を積極的に受け入れたからです。

例えば、銑鉄《せんてつ》（鉄鉱石を溶鉱炉で還元して取り出した鉄）の生産では、一九九〇年までは日本の生産量を下回っていましたが、それ以降急速に生産量を伸ばし、現在では世界のおよそ六割を生産しています。また、粗鋼（製鋼炉で製造されるすべての鋼をいい，鉄鋼の生産高の目安とされる）においては、一九九〇年に日本の半分程度の生産量でしたが、二〇一〇年に世界の半分近くを生産し、鉄鋼の生産においては、世界で断トツの一位となっています。鉄鋼については、生産のみならず、消費も世界で断トツのトップで、アルミニウム、合成ゴムなども生産量、消費量とも世界一です。乗用車の生産量もトップです。

こうしたことから、工業化がいかに急速に進展し、中国が工業大国になっているかがわかるでしょう。

資源の豊富さ

工業の原料となる資源も、中国には豊富です。鉄鉱石の産出量は、世界の約三割を占め一位、鉛鉱は世界の五割、マグネシウム鉱は世界の七割の産出量と世界トップの産出量をもつ資源も多く、しかも、断トツで一位となっているものも少なくありません。ＩＴ機器などに用いられるレアメタル（希少金属）の生産が多いのも、中国の特徴です。

石炭に頼るエネルギー

石炭の産出量も多く、二〇一〇年の統計では、世界の石炭の産出量の五割以上が中国です。また、中国は石炭の輸入国で（輸出もしていますが）、オーストラリアなどから輸入しています。中国は石炭の輸入国で、一次エネルギー消費量を見ると、世界のトップを争うのがアメリカと中国です。中国は固体燃料、すなわち、石炭の消費が多いのが特徴となります。世界の固体燃料の四割以上を中国が消費しています。

つまり、石炭の生産が多いことから、工業で使うエネルギーとしても石炭が使われ、それに加えて家庭などの暖房でも石炭が使われることが多くなっています。こうして石炭を燃やすことによって生じる煙やガスが、中国の大気汚染の大きな原因となっていると考えられています。

隣のビルがかすむ！

北京や上海の大気汚染は深刻です。工場から出る煤煙《ばいえん》やガスに加えて、家庭からの煤煙、自動車の排ガスがあり、それらが大気汚染に拍車をかけています。

特に、暖房で石炭を使う冬場の大気汚染がひどく、北京や上海では昼でも見通しが悪く、ひどいときには数十ｍ先の隣のビルまでもがかすんでしまいます。このような煤煙などが、大気中に浮遊して2.5μm（１μmは１㎜の千分の一）以下の小さな粒子となっていることをＰＭ2.5といいますが、基準値を超えると人体にも影響があるとされます。さらには、中国の乾燥地域などから飛んでくる黄砂（自然現象と見られていましたが、過放牧などにより砂漠化が進むので人為的現象を含んでいると解釈されています）もＰＭ2.5となることがあります。

こうしたことから、煤煙やＰＭ2.5を吸わないようにするため、マスクをして歩く人々も見られるようになりました。北京から日本への飛行機に乗って地上を見ると、沿岸では工業地帯が多く、工場からの煤煙が東に流れるのがわかります。つまり、中国での大気汚染は日本にも流れてくることがわかります。こうした大気汚染の問題は、国を越えて協力し、解決していかなければならない課題となっています。

スモッグで煙る街（大連）

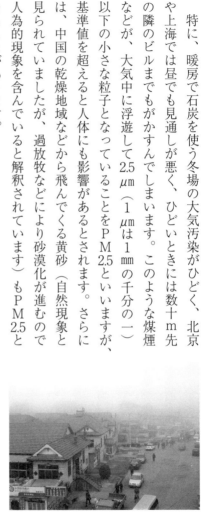

タイでは、洪水を利用して稲を栽培していた?!

授業のどんな場面で使える?

東南及び東アジアでは、主食となる稲の栽培が盛んです。タイでは、災害とみなされる洪水を稲作で利用していました。湿潤なアジア州タイの学習で使えます。

暖かい気候を利用した二期作

日本でも、稲作は盛んです。春になると田植えをし、夏には青々とした田んぼとなり、そして、秋には収穫となります。寒い冬場は、農地を休めることが一般的です。

しかし、タイをはじめ、東南アジア、南アジアには熱帯気候のため、寒い時期がありません。タイや南インドなどでは四季はありませんが、「hot, hotter, hottest」があるといわれるくらい、暖かい（暑い）気候です。

そのようなタイでは、一年中稲が育ちます。そのため、一度収穫してもその後に刈った稲が育ち、また、実をつけます。こうして、一年に二回の収穫ができます。さらに暖かいところでは、稲の育ちが早くなるので、年三回収穫することも可能です。ただし、一度収穫した後の二度目、三度目の収穫では収穫量が落ちるので、一度収穫した稲は、植え替えて新しい稲にした方が収穫量が上がります。しかし、労力と費用がかかります。

稲の栽培に適した時期もあるようです。しかし、刈った稲のすぐ隣の水田では、まだ青々した稲が植えてあることがあります。田植えや収穫する時期を水田によってずらすことで、労力を分散させて稲を育てることも可能なのです。

洪水を利用した稲作

タイ中央部の平野には、チャオプラヤ川といった大河川が流れています。大きな河川の周囲の平地では、乾季には水が引き、雨季には川が増水して川の周辺が水に浸ります。いってみれば洪水になります。この洪水を利用した稲作も見られました。

雨季が始まる少し前に、種をまいておきます。五月から十月の雨季になると、川の水が徐々に増えます。チャオプラヤ川など平野を流れる河川は、広い平野を緩やかな傾斜で流れます。そのため、川の水が急速に早くなり、短時間で洪水になることはありません。日本の河川は急傾斜なので、多くの雨が降ると上流から急傾斜に沿って速い速度で一気に流れます。そのため水位は短時間で上昇し、短時間で洪水が起こります。そのため、逃げ遅れることもあります。他方、タイの河川は洪水まで時間があるので、逃げる時間はありますが、傾斜があまりないので、一度溜まった水はなかなか引きません。二〇一一年のバンコクの洪水では、日系企業が浸水の影響を受け、水が引かず操業がしばらくできなくなり、日本にも影響がありました。

農地を潤すチャオプラヤ川（バンコク）

雨季の前にまいた種が芽を出し、水の増水とともに、稲の茎が伸び、穂先が水面に出るように生長していきます。水面まで数m延びる稲もありました。収穫は舟に乗って穂先だけを刈っていきます。しかし、灌漑などが進み、こうした浮稲はあまり見られなくなりました。

灌漑の進む水田

タイの水田も近代化が進み、灌漑や排水施設が進みました。科学肥料や農薬の使用、さらに高収量品種の導入などにより、稲の収穫量は増加しました。また、こうした農業技術の発展により、効率的な二期作もできるようになりました。

他方で、チャオプラヤ川の下流で見られた運河で区切られた灌漑、排水設備のある水田は、バンコクの発展により埋め立てられ、工業地に変わってきた場所も多く見られるようになりました。運河を使った水上マーケット（食料などを乗せた小さい舟が店となって、多くの舟が集まるマーケット）は、こうした運河に住み、舟を移送手段としていた人々にとっては便利でしたが、運河が道路になり、自動車が主となる交通手段となることで、水上マーケットは観光資源へと変わってきました。

インドでは、街中を神様の使いが闊歩している?!

授業のどんな場面で使える?

ヒンドゥー教徒の多い国として知られているインドでは、牛が神様、あるいは、神の使いとして大事にされます。牛からインドの文化を考察する学習で使えます。

街中を闊歩する牛

インドでは、多くの車や人の雑踏の中、悠々と闊歩する牛を見ることができます。この牛には飼い主がいるわけではなく、自由に歩き回っているのです。ヒンドゥー教では、牛は神様、あるいは、神の使いとして大事にされます。したがって、牛肉を食べることはありません。ヒンドゥー教では、浄と不浄の概念がはっきりしており、牛は浄となります。一方で、豚肉も食べませんが、それは不浄なので食べません。右手は浄なので食事では右手で、また、左手は不浄なのでトイレでは左手を使います。人間にも浄と不浄が適用されるので、それが人を差別することになり、現在でも、それが社会的問題となることがあります。

ところで、街を闊歩する牛は、神に願いをかけ、それが叶った人が神に感謝し、神の使いである牛を解き放します。このような牛たちが街中を歩き回っているのです。

インドの牛はみんな自由?

牛の頭数では、ブラジルに次いで第二位です。いくら広いインドでも、約二億頭の牛が自由に歩き回っていたら、結構大変なことになるでしょう。街中を自由に闊歩できる牛はわずかで、飼われている牛が圧倒的に多くなります。飼われている牛から牛乳やバターが生産されます。インドの牛乳生産量は、アメリカに次いで世界二位、バター生産量は世界トップです。かつて住宅地では、毎朝牛を連れた飼い主が各家を周り、軒先で牛から牛乳をしぼって配達していました。そのような光景はあまり見ることがなくなってしまいました。インドの人は、紅茶やコーヒーをよく飲みます。特に紅茶はチャイといって、牛乳と砂糖をたっぷり入れて飲みます。このようにして多量の牛乳が飲まれています。

他方で、インドに住む人々は、ヒンドゥー教徒だけではありません。ヒンドゥー教徒は約八割いますが、その他、イスラム教徒やキリスト教徒もいます。その人たちや観光客は牛肉を食べることができます。インドの牛肉消費量は、世界のトップテンに入っています。

牛にも浄、不浄がある？

ヒンドゥー教では、浄と不浄がはっきりしていると書きましたが、牛にも浄、不浄があります。農村部に行くと、牛が農作業に使われています。神の使いの牛が働かされているのでしょうか？　農作業で使われる牛は水牛で、同じ牛でも水牛は、神様、あるいは神の使いとなる牛とは違うようです。牛についても、ヒンドゥー教の教えが浸透しています。

リサイクルの拠点となる牛

街中で闊歩している牛は、何を食べているでしょう？　街中で観察していると、街にはごみ箱がいくつもあります。牛たちはそのごみ箱に頭を突っ込んで餌をあさっています。生ごみや紙製品をごみ箱に捨てることで、それが牛たちの餌となります。さらに、その餌を食べた牛が糞をします。この糞を集める人がいます。牛の糞は、わらなどと混ぜて丸く平たく伸ばされて乾かします。それが火を燃やすための燃料となるのです。

スラムなどに住む人々には、ガスも電気も引けない人がいます。そうした人にとって、牛の糞からつくった燃料は、食事をつくるときなどに大変重宝します。自分で集めることもできるでしょうが、買っても安価です。この牛の糞の燃料は、高級な料理店でも使われることがあるようです。火力がちょうどよく、いい料理ができるようです。さらに乾かした牛の糞は、燃料としてだけでなく、神聖な床を拭くときにも利用されることがあります。神聖な牛から出るものは、たとえ糞であっても神聖なのです。

こうしてインドでは、人間が出したごみが神聖な牛の餌となり、その糞が燃料となって人間の生活を支えるといったリサイクルが成立するのです。環境問題解決のためにリサイクルが、日本、欧米諸国でも進められていますが、インドでは自然にリサイクルが行われているといえるでしょう。ただし、夜、街中を歩くときは路上で牛や犬、人間も寝ており、暗い中、それらの人、動物を踏まないように歩くのは結構大変です。

シンガポールはガムの持ち込みNG?!

授業のどんな場面で使える?

アジア州の中で、国土はせまいものの、ビジネスの中心となっている国がシンガポールです。シンガポールの経済発展と観光化を説明する場面で使えます。

アジア州のビジネスの中心地として発展

シンガポールの面積は淡路島ほどの広さですが、多くの人が住み、人口密度は七五〇〇人（一㎢あたり）を越え、モナコに次いで人口密度の高い国です。特に南側には高層ビルが林立し、世界中の企業のオフィス、ホテルだったりします。また、高層マンションやアパートも多いのが特徴です。

シンガポールは東南アジア、東アジア、南アジア、オセアニアなどと海上交易するちょうど交差点にあたり、イギリスの植民地時代から中継貿易港として発展していました。現在では石油精製や電機、電子工業、情報産業なども発展し、中継貿易港であったことから、国際的な銀行も進出し、国際的なネットワークの核の一つとなりました。

観光地としてのシンガポール

面積の小さいシンガポールですが、世界からの観光客は、年間一〇〇〇万人を超えます。この数は、日本を訪れる観光客の約一・五倍にあたります。シンガポールの観光の魅力は、買い物にあります。世界各国からの有名ブランドが集まるので、買い物には魅力的な場所となっています。

シンガポールには中国系が約七割、マレー系が一割強、インド系が一割弱住んでいます。

そのため、中国系、マレー系、インド系が多く住む地域が分かれており、それぞれの地域で、それぞれの文化が見られることも観光の魅力の一つとなっています。こうした文化は、食文化にも反映され、中華料理、インド料理、マレー料理、そして、中国文化とマレー文化の合わさったプラナカン文化から出たニョニャ料理などが食べられます。公用語としては中国語、マレー語、タミル語（インド・タミルナドゥ州の言語）、そして、英語が公用語となっており、世界からの観光客が来ても、言語的にも多くの外国人に対応できます。夜の動物園、ドーム内の巨大な植物園、湾の夜景といった場所も観光地として人気があります。最初にこの地を治めていたというマーライオンの像は、いくつかありますが、口から水を出すマーライオン公園の像は、世界的に有名です。二〇〇二年までは「世界の三大がっかり」ともいわれたマーライオン像ですが、リニューアルし、場所も移され、魅力ある観光地に変わりました。

ビル群を背景としたマーライオン

ガムの持ち込み禁止―きれいな街づくり

シンガポールの空港では、ガムを持っているかを確認されます。ガムの持ち込みは禁止されています。それは、ガムをかんだ後に、道路に捨てたり、公園や地下鉄の椅子にくっつけたりして、服につくなどするので迷惑になるからだといわれています。また、道路上につばや痰をはくことも禁止されています。世界から多くの観光客に来てもらうために、きれいな街のシンガポールにするための政策なのです。

なお、小さな島で多くの人口を養うために、シンガポールでは水源を大事にしています。マレーシアからパイプで水を輸入するだけでなく、島の北部では立ち入り禁止区域を設け、水源を守っています。また、シンガポールの北東に、ウビン島という小さな島があります。高層ビルの林立する南部と違って、自然が残るゆったりとした島です。気が休まることから、シンガポールの人たちに気に入られています。都市人口率一〇〇％（シンガポールは一国一都市）とは思えないのどかさです。

ウビン島での森の中のサイクリング

■世界の様々な地域　世界の諸地域

アラブ首長国連邦の国民になる壁は険しい?!

授業のどんな場面で使える?

石油などの鉱産資源に恵まれたアラブ首長国連邦は、砂漠地帯にありながら高層ビルが立ち並んでいます。急激に発展したアラブ首長国連邦を説明する場面で使えます。

石油により急成長したアラブ首長国連邦

国土の約九割が砂漠で、もともと遊牧を行っていたこの地域で石油が発見されたのは、一九五〇年代で、一九六二年から本格的に採掘が行われました。当時、イギリスの保護領となっていたアラブ首長国連邦は、一九七一年に独立しました（高橋伸夫・井田仁康編『面白いほど世界がわかる「地理」の本』三笠書房、二〇一二年）。現在では、石油の産出量は世界のトップテンに入り、原油の輸出額は全体の約三割を占めています。一人あたりの国民総所得は高く、日本やドイツなどとともに世界のトップクラスで、高所得国家に位置づけられます。

七つの首長国からなる連邦

アラブ首長国連邦は、アブダビ、ドバイ、シャールジャ、アジュマーン、ウンム・アル＝カイワイン、フジャイラ、ラアス・アル＝ハイマの、七つの首長国から構成されています。それぞれの首長国は、自立意識が強いといわれています。石油は、この七つの首長国すべてから産出されているわけではありません。石油により経済的に大きく発展したのが、アブダビです。アブダビ（首長国名と首都名は同じ）は、アラブ首長国連邦の広い範囲を占め、アラブ首長国連邦の首都ともなっています。他方、石油は産出するものの、産出量が少ないドバイは、貿易や工業、金融などで経済力を高めてきました。さらに、この二国は、観光客の誘致にも努め、デザインが注目される豪華ホテル、娯楽施設なども次々と建設していきました。日本とアブダビを結ぶエティハド航空、ドバイを結ぶエミレーツ航空が就航しており、アブダビ、ドバイの経済力の強さを示しているともいえます。

なお、両航空会社も、アブダビあるいはドバイをハブ空港（航空路線が集まる空港）とし、アジアからヨーロッパ、アフリカなどへ向かう航空便に乗り継ぎやすくなっています。つまり、アブダビやドバイは、その国自体を観光地として開発するとともに、世界への乗り継ぎ空港として、中継地の役割を担おうとしているのです。

国民は人口の一割から二割

ほとんどが砂漠だった国に、石油などを売った利益により、道路網が整備され、工場、ビルといった建物が次々に建設されてきました。この建設のために、多くの労働者が必要となりました。

アラブ首長国連邦の二〇一六年の人口は、九三〇万ほど（『授業に役立つ統計資料二〇一七』日本文教出版）ですが、その人口のうち、アラブ首長国連邦の国籍をもつ者、すなわち、国民は一割から二割に過ぎません。主として外国人労働者として入ってきたインドや、パキスタンといった南アジア系が五割、北アフリカなどからの住民が約二割となっています。こうした外国からの労働者の待遇は、安い賃金で、住居なども質素で、厳しいものでした。このようなことから、石油収入などによる急速な経済発展を「光」とし、裕福な国民がいる一方で、待遇の厳しい外国人労働者によって繁栄が支えられているので、この側面を「影」とし、アラブ首長国連邦の「光」と「影」という人もいます。

アラブ首長国連邦は、石油だけでなく、天然ガスの産出量も多く、ダイヤモンドや金を輸入し、再輸出しています。しかし、石油を産出する首長国と産出しない首長国との経済的格差が拡大し、さらには、富める国民と待遇の厳しい外国人労働者との格差が広がり、こうした格差が社会問題となってきます。

アラブ首長国連邦の国民になる壁

長期在住者でも国籍取得は大変難しく、外国籍からアラブ首長国連邦の国民にはなかなかなれません。外国籍から国籍を変えるための条件がゆるい国もありますが、アラブ首長国連邦は厳しい国の一つです。外国人労働者の家族での同伴は認められないのですが、単身でも多くの外国人労働者が流入しているので、人口に対する国民の割合は低いのです。

フィンランドでは、いつでもサンタに会える?!

授業のどんな場面で使える?

ヨーロッパ州は、キリスト教文化にもとづいていることが特徴です。サンタクロースもその文化の表れです。ヨーロッパ州の文化を学習する場面で使えます。

フィンランドにあるサンタクロース村

クリスマスイブ、サンタクロースはトナカイの引くそりに乗り、世界中の子どもたちにプレゼントを配ります。サンタクロースのそりは、寒い雪の中を走っていくというイメージをもつ人も多いのではないでしょうか？　サンタクロースを信じても信じていなくても、サンタクロース村がフィンランドにあります。

サンタクロースは、四世紀にトルコにいた、聖ニコラウスがモデルといわれていますが、サンタクロースの故郷は、北極やフィンランドの北部などと考えられるようになりました。フィンランド北部はラップランドといい、北緯六六・六度以北の北極圏となります。北極圏では、夏は太陽が沈まない白夜があり、冬は太陽が昇らない極夜が訪れます。冬の寒さは厳しく、湖は凍結し、半年間は雪に閉ざされます。サンタクロース村は、ロヴァニエミにあり、村は北極圏をまたいでいます。

サンタクロース村のサンタクロース

サンタクロースの住処は、サンタクロース村から北へさらの三〇〇km行った山中にあるそうですが、サンタクロース村に行けば、いつでもサンタに会えます。また、クリスマスカードを頼んでおくと、世界各国にクリスマスカードを送ってもらえます。日本語のクリスマスカードも用意されています。こうしてサンタクロースは、世界中の子どもたちに夢を送っています。

サンタクロースが住むフィンランド

サンタクロースの住むフィンランドは、冬はマイナス三〇度にもなり、特に内陸のラップランドは寒さが厳しくなります。フィンランドは湖の多い国ですが、冬場には池や湖が凍り、そこが冬場限定で近道となる歩道となったり、車道になったりします。

また、ムーミンの原作者、トーベ・マリカ・ヤンソンは、フィンランドの出身です。森の多いフィンランドには、妖精のイメージができやすく、ムーミンもそのような環境から発想されたのかもしれません。サンタクロースも、山中で妖精と住んでいることになっています。こうした妖精の森や湖、冬場の寒さと雪の世界、さらには、国民の八割以上がキリスト教徒という環境も影響して、サンタクロースの住処としてふさわしいと考えられたのかもしれません。

日本人が多いオーロラ観光

ロヴァニエミ周辺は、オーロラを見られる場所としても人気があります。夜、暗い空の中に、光のカーテンや光線のように刻々と姿を変え、緑や赤できれいに彩られるオーロラは、神秘的な自然現象です。この美しさに魅了されようと、観光客が、寒い夜に凍えそうになりながら空を見上げています。しかし、オーロラは毎晩必ず見られるわけではなく、出現しない日も多くあります。

このオーロラは、日本人観光客には人気がありますが、北ヨーロッパの伝説では、オーロラは不吉の前兆とされたり、生きている人の世界と死後の世界とを結ぶものとされたりして、必ずしもいい印象をもたれていません。マイナス二〇度や三〇度になる寒い夜に、がたがた震えながら、出るか出ないかわからないオーロラを待てるのは、オーロラがすばらしいと思う日本人観光客の我慢強さの表れともいえるでしょう。しかし、そのように寒い思いをして待ち続け、オーロラが突如出現し、華麗なる空のショーを見せてくれると、感動します。

なお、北ヨーロッパだけでなく、カナダのイエローナイフやアラスカのフェアバンクスなども、オーロラの観測地として有名です。オーロラは昼間にも出ますが、暗くならないとその美しさがわからないので、夜が観測には適しています。

スイスでは、人口よりも観光客が多い?!

授業のどんな場面で使える?

スイスは、医療品や時計などの精密機械が有名で輸出額も多いですが、世界からの観光客が集まる観光立国でもあります。ヨーロッパの観光を説明する場面で使えます。

人口よりも多い海外からの観光客数

スイスは、ドイツ、フランス、イタリアなどに囲まれた、日本の面積の九分の一程度の小さな国です。スイスの北部から中央部にかけてはドイツ語圏、フランスに接した西部はフランス語圏、イタリアに接した南東部はイタリア語圏となります。公用語もドイツ語、フランス語、イタリア語、ロマンシュ語（日常的に使う人は人口の一％にも満たないのですが、もともとこの地域で使われていた言語）の四言語となっています。

こうした近隣諸国との入り混じった文化の多様性や、アルプス山脈などの自然を資源とした観光は、世界の人々を引きつけ、スイスの年間観光客は、二〇一五年で約九三〇万人（『グローバルノート（国連統計）』）、人口より一〇〇万人ほど多くなっています。

観光にとっても便利な鉄道網

スイスは鉄道網が発達しており、国内の移動だけでなく、近隣の国からの国際列車も充実しています。スイスの国際的な玄関口、チューリヒの空港からは、鉄道でスイス各地にそのまま行くことができます。鉄道の国民一人あたりの乗車距離は、世界でもトップクラスです。

鉄道だけでなく、道路も整備され、湖には船も就航しており、住民だけでなく、観光客も鉄道、バス、ロープウェイやケーブルカー、船といった公共交通機関を乗り継いで、楽に国内を観光することができます。鉄道は電気を動源とするものが多く、環境の保持にも気を配っています。

スイスには高い山が多いですが、勾配が急な場所に敷かれた鉄道には、線路の間に歯車を噛み合わせるレールがあります。車体の両輪とその真ん中にある歯車をレールに噛み合わせて昇り降りするラック式電車が走っており、高い山の上まで運んでくれます。ユングフラウ鉄道は、アイガーといった山の中のトンネルを昇っていき、三四五四mのヨーロッパで最も標高の高い駅ユングフラウヨッホ駅まで人を運びます。駅からさらにエレベータで展望台まで行くと、標高三五七一mからの展望を楽しめ、夏でも雪の上に立て、氷河を目のあたりにすることができます。また、途中の駅で降りて、次の駅までハイキングといったこともできます。ハイキングコースが充実しており、しかも下るだけだと比較的楽に歩け、雄大な景色を見下ろしながらのハイキングは、とても気持ちのいいものです。

登山電車（ゴルナーグラート鉄道）

自動車を降りて電車でどうぞ

ツェルマットは、マッターホルンを望む観光の街です。周辺のハイキングの拠点ともなり、ここから登山電車、ケーブルカー、ロープウェイなどで周辺の山々に行き、展望やハイキングを楽しめます。冬にはスキーが楽しめます。このツェルマットでは環境保全のため、ガソリン車の乗り入れを禁止しています。バスや自動車で来る人たちは、隣町テーシュで電車に乗り換えます。ツェルマット内の移動は、徒歩、電気自動車または馬車となります。

マッターホルンを望むトレッキング

伝統的家屋と防備

木造の伝統的家屋は、アルプス地方を中心とした、スイス各地で見ることができます。二階以上は木造でも、一階部はコンクリートで固められて、雪が積もって木が腐ることを防いでいます。また、地下には核兵器攻撃から身を守るためのシェルターを設置している家も少なくありません。

■世界の様々な地域　世界の諸地域

EU加入はメリットばかりじゃない?!

授業のどんな場面で使える?

ヨーロッパは小さい国が多く、アメリカ、ロシア、中国などとの経済的な力関係に対抗するためEUが結成されました。そのEUの学習を追究する場面で使えます。

EUの結成

EUが結成される以前から、EEC（ヨーロッパ経済共同体）、EC（ヨーロッパ共同体）があり、ヨーロッパは経済的、そして、政治的にも一体となろうとしていました。それは、ヨーロッパの一つの国で、アメリカ、ロシアなどの大国を相手に、経済的に対抗しようとすると、その規模が違いすぎて、対等に対抗できないことが大きな理由です。そのため、ヨーロッパ諸国は、一九九三年に従来よりも結合を深めたEUを結成したのです。

EU内では多くの共通政策を行い、域内では原則的にパスポートなしでの出入国を認めたり、輸入や輸出の制限をなくしたりして、人や物などを自由に移動できるようにしました。そして、多くの国で統一通貨であるユーロを使うことにより、ヨーロッパの一体化を目指しました。

拡大するEU

EUは、西ヨーロッパの国々を中心として結成されましたが、一九九五年には、北ヨーロッパの国々や、二〇〇〇年代に入ってからは、ポーランドをはじめ、バルト海三国（エストニア・リトアニア・ラトビア）といった東ヨーロッパの国々が加盟し、拡大していきました。さらには、加盟候補国がいくつかあり、EUはさらなる拡大が見込まれています。

EUのメリット・デメリット

このように、EUとしては、ヨーロッパを一体化することにより、アメリカやロシア、中国などとの経済的な競争力を高めました。これは、ヨーロッパ全体を裕福にすることにつながっていきます。また、国と国との壁が低くなることから政治的な共通性も生まれ、文化の交流なども進みます。

一方で、デメリットも生じます。その一つが経済格差の拡大です。賃金の高い国へ働き手が流れたり、安く買える国に買い物客が流れたりします。その結果、働き手が不足し、生産性が落ちたり、反対に働き手が多すぎて、失業者が増えたりする国もあります。このような課題を改善するために、国を越えて共通政策をとれるのも、EUの魅力といえます。

EUから離脱する国

EUが拡大する一方で、EUを離脱する国もあります。二〇一六年、イギリスがEUを離脱することを決め、世界を驚かせました。イギリスは通貨としてポンドを使い続け、ユーロを採用していませんが、EUの根幹となる国の一つでした。

EUの共通政策の一つとして、移民の受け入れがあります。移民を受け入れられる経済的な強さがあり、移民の移民先の希望としても、イギリスは上位になります。しかし、こうした移民の受け入れは、住民との経済的文化的軋轢を生んでしまいました。さらには、EU内においても、経済的格差解消のためにイギリスが多く負担しているという不満もあったようです。これら多くの要因が重なって、イギリスはEUからの離脱を選んだのです。

EUに加盟しない西ヨーロッパの国

西ヨーロッパでも、スイスは、EUに加盟していません。スイスは一八一五年に、ウィーン条約で永世中立国として認められました。長年多くの国に支配されてきたスイスは、戦争に巻き込まれないように、政治的な同盟には加入しないことにしました。

また、そうした中立性が世界の信頼を呼び、国際的な金融市場として成長し、経済的に安定していることもEUに加盟しない理由の一つです。必ずしも自然条件に適していない野菜づくりは、価格が高いものとなりますが、国内の産業を守るためにスイスの人はその高い野菜を買います。こうして自分たちの国を維持しています。

一方で、EUと協定を結び、近隣諸国とはシェンゲン協定によりパスポートなしで出入国できるなど、EU諸国とは経済的・文化的なつながりは強いものとなっています。

■世界の様々な地域　世界の諸地域

スコットランド出身の人に「イングランド人ですか？」と聞いてはダメ?!

授業のどんな場面で使える?

イギリスは一つの国ですが、国内ではイングランド人やスコットランド人などと、出身地を強く意識しています。ヨーロッパの民族、文化を説明する場面で使えます。

イギリスは四か国からなる？

イギリスの正式名称は、グレートブリテン及びアイルランド連合王国といいます。イギリスのことを「イングランド」ということもありますが。イングランドはイギリスの一地域名であって、イギリス全体を指すものではありません。そのため、スコットランド出身の人に「イングランド人ですか？」などと聞こうものなら、即座に「ノー」という答えが返ってきます。

イギリスは、イングランド、ウェールズ、スコットランドというグレートブリテン島にある三地域と、アイルランド島北部の北アイルランドの四地域からなります。それぞれの地域は自主性が強く、教育内容なども、特にイングランドとスコットランドでは異なります。同じ英語でも、それぞれの地域ごとに、アイルランド語、ウェールズ語、スコットランド（ゲール）語といった地域言語があります。このように、政治・文化的にも異なりがあるイギリスの四地域です。

歴史的に深い溝

イギリスの地図を地図帳などで見てください。首都ロンドンを中心としたグレートブリテン島の南部はイングランドです。グレートブリテン島南部の西にウェールズがあります。

グレートブリテン島北部のエディンバラ、グラスゴーを中心としているのがスコットランドです。そして、アイルランドと接したアイルランド島の北に、北アイルランドがあります。

先住民族はケルト人ですが、五世紀にアングロ＝サクソン人が入ってきて、ケルト人はスコットランドやウェールズに追いやられ、一〇世紀にイングランド王国が建国されました。その後、ノルマン人が征服します。一二八二年にウェールズを、一七〇七年にスコットランドを併合し、グレートブリテン王国が成立し、一八〇一年にアイルランドを合わせて、グレートブリテン＝アイルランド連合王国となっています。それぞれの国が併合する前には、様々な対立もありました。こうして現在に至っていますが、今でもそれぞれの国のプライドが住民にはあり、地域意識となって強く残っています。

小型牧羊犬の故郷

イギリスは土地利用から見ると、国土の四分の一を農地が占め、農地の半分近くが牧場や牧草地です。その牧場で多く飼われているのが羊です。羊が多く飼われていることから羊肉の生産が多く、羊毛や羊皮の生産も世界有数です。こうした羊は、スコットランドの北部にあるシェットランド諸島などの、寒さが比較的厳しくなる地域でも飼われます。

羊の牧場には牧羊犬が飼われ、羊の群れを統括してくれますが、寒い地域では作物が育ちにくく、そのため餌が少なくなり、動物も小型化されるといわれます。牧羊犬として大型のコリー（起源は、スコットランドともいわれています）がいますが、コリーなどを祖先とする小型のコリーのような犬種が、シェットランド諸島で発展しました。これがシェットランド・シープドッグの起源といわれています。この犬は、羊だけでなく万用の農場犬として重宝されたようです。

サッカーワールドカップでのイギリス

サッカーワールドカップでは、各国のナショナルチームがそれぞれの地域の予選を勝ち抜いて、本大会に参加します。ナショナルチームは一国一チームですが、例外があります。それがイギリスです。イギリスからは、イングランド、ウェールズ、スコットランド、北アイルランドの四チームが出ています。これは、イギリスがサッカーの起源であり、そのためイギリスへの敬意もあって、イギリスを構成する四地域の代表チームを認めています。つまり、サッカーでは、イギリスは四か国からなるといえるのです。イングランドの人が、他の国の人から「スコットランドの人？」と聞かれたときに、すごく怒っていました。「英語を聞けばわかるでしょ。私はイングランドよ！」

三つに地域分けをすれば、アフリカの特徴がよくわかる?!
―多様で複雑な自然と文化

授業のどんな場面で使える?

アフリカは多様な気候帯をもち、北部にはアラブ人が、中部から南部にかけては黒人が多く住みます。アフリカの自然と文化のかかわりを説明する場面で使えます。

アフリカを気候から地域区分

アフリカは、気候区分により、大きく三つに分けられます。地域区分とは、何かの基準（「指標」といいます）にもとづいて、同じような特徴のある空間的範囲を決めることです。アフリカを一つの地域として見るよりも、「指標」によりいくつかの地域に分けて特徴をつかむ方が、アフリカの特徴を捉えやすくなります。地域区分とは、はじめからあるわけでなく、その地域を何かの「指標」により区分した結果なのです。

地図帳を広げて、アフリカの気候区を見てください。アフリカの北部は、ほぼ乾燥帯です。この乾燥帯までを北部として、地域区分しましょう。乾燥帯の南には、熱帯気候が広がります。さらにその南側には、温帯気候や乾燥帯が混在する地域となりますが、アフリカ中央部の熱帯気候が広がる地域を中部とし、温帯気候や乾燥帯が混在する地域を南部としましょう。こうして、アフリカを気候区から三つに地域分けをしたので、それぞれの地域の特徴を見てみましょう。

アラブ系の多い北部

アフリカ北部は、砂漠気候が広く覆っています。地中海に面して、エジプト、リビア、チュニジア、アルジェリア、モロッコといった国々がありますが、いずれもアラブ人が多く、アラブ語が使われ、イスラム教の信者が多い地域となります。一年を通してカラッとしており、夏場は暑い日が多くなります。海岸線沿いに都市が発達し、内陸部はアフリカ大陸の三分の一を占めるサハラ砂漠となり、人が住みにくい気候となります。砂漠地帯では、日の寒暖差が大きくなります。北部のアフリカは、冬場は寒くなります。チュニジアの首都チュニスやアルジェリアの首都アルジェは、北緯三十六度で東京と変わりません。これらの都市の夏や冬の平均気温は、東京よりも高めですが、夏場は東京とは同じ緯度と思えないほど暑くなります。

熱帯気候の中部

熱帯気候が広がるアフリカ中部は、コンゴ盆地を中心とした熱帯雨林気候となり、ジャングルになっています。ジャングルは巨木やシダ、草が繁茂した密林地帯で、サル、爬虫類、昆虫が生息します。ライオンやキリン、シマウマといった大型動物は、密林で身動きがとれないので、生活していません。しかし、ジャングルは、高温多湿で多くの動植物が生息し、動植物の宝庫ですが、エイズウイルスやエボラウイルスなど人間の生命を脅かすようなウイルスもおり、人間にとって食料の宝庫ともいえますが、多くの危険も潜んでいます。

熱帯雨林の周囲には、熱帯モンスーンやサバナ気候が広がります。サバナには草が生え、樹木がまばらにあります。それらの草や木の葉を食料とする象、サイ、キリン、シマウマなどの草食動物、それらの動物を捕食するライオン、ヒョウなどの肉食の大型動物が生息しています。サハラ砂漠以南は黒人が多くなりますが、それぞれの気候の下で暮らす集団は、それぞれの自然に応じた文化や独自の生活を営み、多数の民族に分かれています。

温帯気候や乾燥気候が混在する南部

アフリカ南部は、温帯気候で降水量がさほど多くなく、穏やかな気候の地中海性気候が広がり、住みやすい地域が多くなります。南アフリカは金、ダイヤモンドなどの地下資源が多く、住みやすい気候だったため、オランダ、イギリスの植民地となってからヨーロッパ系白人が多く住み、第二次世界大戦以降、白人と黒人との差別を図ったアパルトヘルトといわれる人種隔離政策が行われました。

アパルトヘルトは、人種差別として世界中から非難されました。一九八九年にようやくアパルトヘルトに関する法律が撤廃されました。一九九四年には黒人として初の大統領、ネルソン・マンデラが就任し、黒人も白人も対等な社会の実現が目指されました。現在でも南アフリカ共和国では黒人が人口の八割を占めますが、白人も一割を占めています。

■世界の様々な地域　世界の諸地域

アメリカ合衆国とカナダでは身の守り方が違う?!
―北アメリカ州の国

授業のどんな場面で使える?

アメリカ、カナダはＷＡＳＰといわれ、共通性が多いのですが違いも見られます。北アメリカの文化を説明する場面で使えます。

北アメリカ州としての共通性

北アメリカ州は、ネイティブ・アメリカン、ファースト・ネーションズといわれる先住民族が住んでいました。十五世紀の終わりから、ヨーロッパからの移民が多くなり、現在では白人が住民の七割から八割を占めています。以前はＷＡＳＰ（白人、アングロ・サクソン系、プロテスタント）の人々が、経済や社会の中核を占めていました。

現在では、多くの国や地域からの移民が増え、それぞれの文化を大事にしようとしています。それは「サラダボウル」にたとえられます。サラダには、レタスやトマト、キュウリ、セロリなどがそのままの形が残されて混じり合っています。人々も様々な文化がありますが、それを認め合って共存させていこうということです。カナダでは、多文化主義法という法律があり、多文化を尊重しようとしています。こうして、政治や経済にも多様な文化をもつ人々が中核を担うようになりました。

自然条件の違い

アメリカ合衆国の気候を見ると、ハワイなどを除いて、北アメリカ大陸だけを見ても、南のフロリダ半島の熱帯気候、温帯気候、乾燥気候、北の冷帯気候、山間部での冷帯気候と変化に富んでいます。

他方、カナダは、冷帯気候が国土の大半を占めています。そのため、アメリカ合衆国の農地が国土の二割弱を占めるのに対して、カナダは五％程度に過ぎません。

また、アメリカ合衆国もカナダも、小麦の生産は世界有数ですが、アメリカ合衆国では冬小麦（秋に種をまいて夏に収穫）が主流なのに対して、カナダは春小麦（春に種をまいて秋に収穫）地帯となります。冬小麦は、春小麦に比べ生育期間が長いので、収穫量が多くなります。しかし、寒さや乾燥に強い作物といわれる小麦でも、寒すぎると生育が難しいので、アメリカ合衆国の北部やカナダでは春小麦が栽培され、春小麦地帯となっています。

銃を持つ国、持たない国

アメリカ合衆国とカナダでは、身の守り方も異なっています。アメリカ合衆国では自分の身は自分で守るとされ、銃の所有が認められています。他方、カナダでは銃の所有には規制があり、許可がないと銃の所有は認められていません。カナダ人に、「アメリカ合衆国とカナダの違いは何？」と聞いたところ、即座に「銃の所有」と回答した人がいました。銃を持って身を守るか、銃を持たないで身の守り方を考えるか、アメリカ合衆国とカナダの大きな違いです。

先住民族の居住地

ネイティブ・アメリカン、ファースト・ネーションズといわれる先住民族は、アメリカ合衆国では人口の一％程度、カナダでは四％程度です。両国とも高い数字ではありませんが、カナダの方が先住民族の割合は高いといえます。アメリカ合衆国では、白人の入植によって先住民族が強制移住させられ、土地条件のよくない地に住まわされたという経緯があります。カナダでも、同様の理由で住んでいた土地から移住させられた先住民族がいます。こうした先住民族の居住地は、特にカナダでは全国に分散しており、居留地あるいは保留地といわれます。しかし、呼び名はアメリカ合衆国ではリザヴェーション（reservation）といい、カナダではリザーヴ（reserve）、あるいはリザーヴド（reserved）といって異なっています。現在でも、多くの先住民族がこうした地に住んでいます。

異なる民族構成

アメリカ合衆国では白人が人口の七割程度、カナダでは八割程度ですが、アメリカ合衆国では南部を中心に黒人が一割弱、ヒスパニック（スペイン語を、母語とする人たち）が一五％以上と比較的多いのに対して、カナダではヒスパニックや黒人の割合が低く、アジア系の人たちの割合が比較的高くなるのが特徴となります。

ロッキー山脈には「クマの国」がある?!

授業のどんな場面で使える?

ロッキー山脈は、メキシコからアラスカにかけて、総延長七六〇〇㎞の長大な山脈です。北アメリカの自然環境を説明する場面で使えます。

アメリカ合衆国、ロッキー山脈に向かって東から西へ横断

地図帳で、アメリカ合衆国を開いてみてください。北緯三十五度を東から西へ向かってみましょう。北緯三五度は、日本では静岡、大津、京都あたりを通ります。アメリカ合衆国の東海岸では、ノースカロライナ州の沿岸平野があります。そこから北緯三五度線に沿って西へ向かうと、アパラチア山脈となります。メンフィスでミシシッピ川を渡り、中央平原、さらに雨が少なく固い土壌の大草原地帯であるプレーリーを越え、オクラホマ州の州都オクラホマシティを過ぎると、ロッキー山脈の東麓の台地状の大平原、グレートプレーンズになります。そして、いよいよロッキー山脈です。ロッキー山脈に続いてコロラド高原となり、アリゾナ州の北緯三五度よりやや北には、コロラド川の侵食作用によって削られた壮大な渓谷、グランドキャニオンがあります。さらに西には、ロッキー山脈とシエラネヴァダ山脈、海岸山脈にはさまれ乾燥地帯となった、モハーヴェ砂漠があります。西海岸の北緯三五度線の南には、ロサンゼルスがあります。

東海岸から西海岸まで、ロッキー山脈を越えて北緯三五度線に見てきましたが、ここを含む北緯三七度より南の州では、第二次世界大戦後、産業、特に先端科学産業が発達し、石油や天然ガスなどの資源にも恵まれていたことから「サンベルト」といわれ、アメリカ

合衆国でも発展した地域となっています。アメリカ合衆国のロッキー山脈の東西は、乾燥地帯となっており、西側には砂漠も見られます。ロッキー山脈は、四〇〇〇m級の山が連なり、標高が高いところではツンドラ及び高山気候となり、寒さも厳しくなります。なお、ロッキー山脈には、一八七二年に世界初の国立公園となったイエローストーン国立公園があります。

カナディアンロッキー

ロッキー山脈は、カナダに入ると、カナディアンロッキーといわれ、海岸までの距離が短くなります。バンフとジャスパーとの間は、人気のカナディアンロッキーの観光地です。バンフからジャスパーに向けて車で走行すると、とても山脈の中と思えないほど広々しています。狭い谷ではなく、広々した盆地のようです。道沿いには、氷河が解けて流れてきた水がせきとめられた湖であるレイクルイーズ、モレーンレイクといった、エメラルド色の湖があります。さらには、アサバスカ氷河を見ることができます。

モレーンレイク

アサバスカ氷河

アサバスカ氷河は、温暖化の影響もあってその長さが短くなり、バンフとジャスパーを結ぶ道路から徐々に遠ざかっていっています。

You are in bear country

バンフからジャスパーの周辺は、バンフ国立公園及びジャスパー国立公園となり、その維持費として入園料が徴収され、パンフレットが手渡されます。この地域ではエルク、シカ、リス、山羊などの動物を身近に見ることができます。

ジャスパーの街中にクマも出てきます。両側が森の道路やサイクリング道路を歩いたり、自転車に乗っていたりすると、目の前をクマが横切ることもあります。街中や道路にクマがいると、その周囲で警官やレインジャーが人々の注意を促したり、クマが森に戻るまで通行止めにしたりします。人と野生動物が共存していくことが図られているのです。ここは公園の入口でもらったパンフレットに書いてある「You are in bear country」なのです。そうです、ここはクマが優先される「クマの国」なのです。

アメリカで走る自動車、日本車が四割？

授業のどんな場面で使える？

アメリカ合衆国の工業は世界をリードしています。鉄鋼業の発展で自動車産業などが盛んになりました。アメリカの工業や世界との結びつきを説明する場面で使えます。

アメリカ合衆国の工業

アメリカの工業は、五大湖周辺や、大都市の多い北東部が中心となっていました。アメリカ合衆国の地図を開いてみてください。オンタリオ湖、エリー湖、ヒューロン湖、ミシガン湖、スペリオル湖は五大湖といい、その周囲にはメサビ鉄山などの鉄鉱の産地があり、シカゴやデトロイトは鉄鋼業の盛んな都市として栄えました。また、エリー湖の南に連なるアパラチア山脈には炭田があり、燃料となる石炭が調達できたこともこの地域の工業が発展した大きな理由の一つです。

このような中で、二〇世紀のアメリカ合衆国の工業を牽引したのが、自動車工業です。自動車産業の中心は、エリー湖に面したデトロイトでした。アメリカ合衆国の三大自動車会社、GM、フォード、クライスラーの拠点がデトロイト、もしくはその周辺にありました。自動車、特に乗用車の普及はアメリカ合衆国の裕福さの象徴でもありました。一九八〇年の、アメリカ合衆国の乗用車一台あたりの人口は一・九、つまり、およそ二人に一台は乗用車がありました。当時、日本では四・九人に一台、イギリスでも三・六人に一台でした。

しかし、一九八〇年代から、日本製の自動車の大量輸入により、アメリカの自動車産業は不況に陥ります。アメリカ合衆国の自動車は、大型で燃費がよくなかったのに対して、日本や韓国の自動車は、小型ながらも燃費がよく、地球環境の保全が強くいわれた時期とも重なったことが、その大きな要因と考えられます。

二〇〇〇年代になると、自動車だけでなく、五大湖周辺の工業全体の景気がよくなくなってきました。資源を国内から輸入に頼るようになると、海に面していない地域は不利になりました。また、工場の施設も老朽化するなど他の工業地域との競争に勝てなくなってきたのです。このような経済の衰退と寒冷な気候から、このあたりの地域はフロストベルト（ラストベルト、さびた地帯とも呼ばれます）と呼ばれるようになりました。アメリカ合衆国南部のサンベルトとは対照的になってしまったのです。もちろん、これ以降、再生に成功した都市もあります。

自動車に頼る世界

アメリカ合衆国の自動車会社も、環境にやさしい車を開発し、国内のみならず、世界に輸出しています。世界的にも乗用車は普及し、アメリカ合衆国では二〇一〇年には乗用車一台あたりの人口は二・六で、この数字は一九八〇年より多くなっており、乗用車を持たなくなった人が増えていることを意味します。

他方で日本は二・二、イギリスは二・〇となり、三〇年前のアメリカ合衆国の水準に近づいています。つまり、ほとんどの国で乗用車が普及し、日本やイギリスなどでは二人に一台は乗用車を持つ自動車依存の高い国となっているのに対し、アメリカ合衆国は自動車が普及しているものの、自動車を持たない人が増えたといえるでしょう。

新車では日本の自動車が四割！

アメリカ合衆国では、自動車の輸出額よりも輸入額が多くなっています。マークラインズの統計によれば、二〇一六年のアメリカ合衆国での新車購入台数は約一七五五万台、そのうち、日本のメーカーによって生産された台数は約四割で、この傾向は二〇一七年に入ってもあまり変わりません。乗用車で人気の車種でも、日本のメーカーのものが上位を占めます。アメリカ合衆国では、トヨタ、ニッサン、ホンダ、スバルといった日本の自動車がよく見かけられ、新車に限れば、アメリカ合衆国を走る自動車の四割は日本の自動車ということになります。しかし、これらの自動車は現地生産の場合も多いので、必ずしも輸入された自動車ではありません。アメリカ合衆国のトランプ大統領は、こうしたアメリカ合衆国の工業の状況を見て、自動車産業をはじめ、アメリカ合衆国の工業をより盛んにしようとしています。今後のアメリカ合衆国での自動車の売れ行きが注目されます。

■世界の様々な地域　世界の諸地域

南アメリカ州の民族構成は、四つのタイプ分けで説明できる?!

授業のどんな場面で使える?

南アメリカ州では、国によって、ヨーロッパ系、混血、アフリカ系、先住民族といった民族構成が異なっています。その要因を説明する学習の場面で使えます。

メキシコ以南の国々・南アメリカ州の民族

南アメリカ州を含む、メキシコ以南の国々には、十五世紀末のコロンブスの航海以降、宗主国のスペインやポルトガルなどから白人が流入しました。さらには、農作業や金・銀などの鉱山資源を採掘させるために、アフリカから奴隷が連れてこられました。先住民のインディオとこれらの人々の間で混血が進み、ムラート（白人と黒人の混血）やメスチソ（白人と先住民の混血）などが生まれました。

さらには、十九世紀後半からのコーヒー栽培の発展により、日本を含むアジアから多くの移民が流入し、多くの人種・民族が混在するようになったのです。多くの人種・民族の文化が混じり合い、一つの文化をつくっている状況は「人種のるつぼ」といわれています。

もともとインディオが住んでいたメキシコ以南・南アメリカ州ですが、現在の民族構成を見ると、大きく四つのタイプの国群に分けられます。すなわち、先住民族の割合が高い国群、混血の割合が高い国群、黒人の割合が高い国群、白人の割合が高い国群、です。それぞれの国群について見ていきましょう。

先住民族の割合が高い国群

先住民族の割合が高い国群として、アステカ帝国やインカ帝国の中心であったメキシコやペルー、ボリビアがあげられます。スペインが征服したメキシコを中心としたアステカ帝国やペルーを中心としたインカ帝国の領地では、インディオといった先住民族が多い傾向にありました。スペインなどからの入植者があり、混血も進んだメキシコもありますが、これらの国群は先住民族の割合が高い国群です。

混血の割合が高い国群

パラグアイ、エクアドル、ブラジルなどは混血の割合が高い国群といえます。この地域には、新しい地で裕福になろうと入植したスペインやポルトガル（ブラジルは一五〇〇年にポルトガルの植民地として宣言されました）からの人々が多くやってきました。彼らのほとんどは単身の男性でした。単身男性が多く入植したことが、先住民女性との間のメスチソと呼ばれる混血者を増加させました。その背景にはカトリック教会（スペインやポルトガルが南アメリカ州に来たのは、カトリックの布教という意味もありました）が先住民との混血を容認し、先住民族も混血には寛容であったからだといわれます。

黒人の割合が高い国群

ここにはジャマイカ、ハイチなどのカリブ海諸国が該当します。スペインやポルトガルの入植後、鉱山や農地での過酷な労働や、ヨーロッパからもたらされた病気により、先住民族が激減します。そのため、もともと先住民族の数が少なかった地域を中心として、アフリカからの黒人奴隷が流入しました。一八八八年に、奴隷貿易・制度が廃止されますが、それまでに南アメリカ州へ送り込まれた黒人奴隷は多数にのぼり、その数はアメリカ合衆国に送り込まれたそれよりも、はるかに多いものとなります。こうしたことから、カリブ海では黒人の割合が高くなりました。黒人奴隷を多く受け入れた地域では、ムラートやメスチソも増加していきました。

白人の割合が高い国群

白人の割合が高い国群としてアルゼンチン、ウルグアイがあげられます。大平原パンパを有するアルゼンチンは、スペインからの独立後もパンパの開発が進んでいませんでした。十九世紀半ばに、近代国家として経済開発を進めることとなり、これにより、イタリア、スペインをはじめ、多くのヨーロッパ人が移住してきました。ウルグアイでも、十九世紀はじめにスペインの入植を拒んだ先住民族が追われ、イタリア、スペイン、フランスといったヨーロッパ人の大量移民により、白人が大きな割合を占める民族構成となったのです。

世界の様々な地域　世界の諸地域

自然が遊園地の代わり?!
―ニュージーランドの休日

授業のどんな場面で使える?

オセアニア州のニュージーランドには、多くの自然が残されており、それが観光業とも結びついています。自然環境と産業との関係を説明する場面で使えます。

ニュージーランドの自然

ニュージーランドの面積は、日本の本州と九州を合わせたくらいですが、二〇一三年の人口は四五〇万程度で、人口密度は一七人／㎢、日本は三三〇人／㎢を超えるので、ゆったりした感じです。

同じオセアニア州のオーストラリアと比較すると、ニュージーランドは、温帯で適度の降水量があり、山がちで、国がコンパクトなので海や山が近く、どこからでも比較的短時間で海や山に行くことができます。一方、オーストラリアは、住みやすい温帯の地域もありますが、それは一部の地域に限られ、その地域に人口や産業が集中しています。国土の多くは乾燥地帯で砂漠もあり、そのような地域には人はあまり住んでいませんし、車で走っていても乾燥地帯の風景がずっと続き、山もないので国土の広さを感じさせます。

ニュージーランドは、山や森林も比較的多く、自然が多く残っています。牧場や牧草地も多いのですが、緑が多いので、自然と同じような感覚になってしまい、そのため自然が多いと感じてしまいます。しかしながら、実際に国土の約三〇%が、国立公園などの自然を守るために規制がある土地となっています。

ニュージーランドの貴重な動植物

　また、ニュージーランド固有の動物をはじめ、多くの動植物が生息しており、飛べない鳥として有名なキーウィ、絶滅したと考えられていましたが一九四八年に五〇年ぶりに発見された飛べない鳥タカヘ、同じく飛べない鳥で絶滅の危機に瀕しているオウムの一種のカカポなどの鳥類、イエローアイドペンギン、ニュージーランドシールズ（オットセイ）など貴重な動植物がいます。それらは、自然のまま大事に保護されていたり、飼われていたりします。また、こうした動物たちを外敵から守るために、沖合の島をまるごと保護のための島として、その島の自然の中で貴重な動植物を保護することもあります。

観光地は自然を楽しむ場所

　ニュージーランドの休日の楽しみの一つは、観光地に行くことです。そこで何を楽しむのでしょうか？　多くのニュージーランド人はトレッキングを楽しみます。

飛べない鳥タカヘ

トレッキングコースからの牧歌的な風景

観光地には、いくつものトレッキングコースがあり、数十分から数時間、そして、山小屋などを利用して何泊かかけて歩くトレッキングコースまで、体力や時間に合わせてコースを選ぶことができます。クマや毒蛇などがいないことなども、森林や山をトレッキングするのには適しています。

土ボタルで有名な北島のワイトモでは、洞窟に入り、ヘルメットのライトを頼りに洞窟の中を歩いたり、水路をチューブに乗って下ったりして、土ボタルを鑑賞するといったアトラクションや、ニュージーランド最高峰のアオラキ（マウント・クック）周辺の氷河では、スキープレーンをつけた飛行機で氷河の上に降りるといった自然を楽しむアトラクションが数多くあります。バンジージャンプを観光化したのもニュージーランドです。南島のカイコウラでは、ホエールウォッチングが有名です。海でイルカと泳ぐアトラクションも各地であります。

まさにニュージーランドでは、自然が遊園地となっているのです。ニュージーランドには海外からの観光客も数多くいますが、トレッキングを含め、自然の遊園地で楽しむことを目的とした人たちが多く訪れます。

オーストラリア・ニュージーランドには、もともと羊はいなかった?!

授業のどんな場面で使える?

オセアニア州のオーストラリアもニュージーランドも、世界有数の羊毛生産地です。両国とも人口より羊の数が上回っています。自然環境と産業の説明の場面で使えます。

オーストラリア・ニュージーランドの羊に関する共通性

日本から見れば、オセアニア州のオーストラリアも、ニュージーランドも羊毛の生産量が多く、羊の飼育が盛んな国であると学習します。確かに羊の飼育頭数は、二〇一一年の統計でもオーストラリアは七千万頭を超え、ニュージーランドでも三千万頭を超え、世界有数の飼育総数を誇っています。また、羊毛の生産では、オーストラリアは中国に次いで世界二位（二〇一一年）ですが、中国とトップを争っています。ニュージーランドも両国に続いて世界三位の羊毛生産量です。羊毛の輸出では、世界一位がオーストラリア、二位がニュージーランドです。

オーストラリアもニュージーランドも、かつてはイギリスの植民地で、イギリス本国へ羊毛や羊肉を送るために、羊が飼われるようになりました。もともと羊がオーストラリアやニュージーランドにいたわけではありません。両国は、一九四〇年代に独立しますが、それ以降も、イギリスとのつながりは強いものでした。しかし、一九七三年にイギリスがＥＥＣに加盟し、イギリスがヨーロッパ内で貿易を高めることで、オーストリアもニュージーランドもアメリカやアジア諸国との貿易を強めています。

オーストラリアの乾燥地帯での羊牧場、どこに羊がいるの！

オーストラリアの国土の三分の二は、乾燥地帯です。しかし、国土のおよそ四六％は、牧場や牧草地です。つまり、牧場は乾燥地帯にも広がっているということです。乾燥地帯では雨があまり降らないので、牧草の生育は悪くなります。そのため、単位面積あたりの飼育頭数は、温帯気候の牧場と比較すると、同じ頭数の羊を飼うと約四倍の広さの牧場が必要になるといわれます。

オーストラリアの内陸部（乾燥地帯）を車で走ると、広大な乾いた地に低木やまばらな牧草が見られます。牧場らしいのですが、羊や牛を見つけるのが大変です。昼間は木の陰で何頭かが休んでいるのをやっと見つけられます。しかし、この乾燥した気候が、高級羊毛を産出するスペイン産メリノ種の生育に適応しているのです。こうしてオーストラリアでは高級な羊毛を生産することができます。なお、南東部及び南西部では、湿潤なので緑の牧場に多くの羊や牛を見ることができます。

オーストラリア乾燥地帯の牧場

羊の受難？　ニュージーランド

ニュージーランドは、適度な降水量のある温帯地域です。そのため、メリノ種の生育には適さず、イギリスに多い、羊毛と羊肉のとれるロムニー種を中心に飼われています。牧場や牧草地は国土の四〇％以上を占め、緑の牧場が多く見られます（井田仁康『ラブリー　ニュージーランド』二宮書店、一九九六年）。一九八〇年代はじめに羊の飼育頭数は七千万を超え（ニュージーランド農業統計）、ピークに達します。当時の人口が少なかったこともありますが、人口一人あたり二二頭の羊が飼われていました。ニュージーランドは羊の国といえるでしょう。しかし、当時の主要な貿易相手国であったイギリス（貿易額のおよそ半分はイギリスでした）がＥＥＣに加盟したことで、主要な貿易相手国がイギリスからオーストラリア、アメリカ、日本などへと変わり、近年では中国との貿易が著しく伸びています。輸出品も羊肉などから牛肉などへと変わり、それにより羊の需要が減り飼育頭数も減りました。人口が増加したこともありますが、人口一人あたりの羊は六～七頭になりました。羊に代わり、牛やシカの飼育頭数が増える傾向にあります。

ニュージーランドの羊牧場

■世界の様々な地域　世界の諸地域

ウルル（エアーズロック）を登ってはダメ?!
―多文化社会のオーストラリア

授業のどんな場面で使える?

オーストラリアは、世界各国からの移民がいます。それぞれの移民の文化とともに、先住民族の文化も尊重しようとします。先住民族と移民の学習場面で使えます。

ウルルは先住民族の聖地

ウルルは、オーストラリア中央部の乾燥地帯にあり、ウルル＝カタ・ジュタ国立公園内にあります。その周辺は、ステップや砂漠です。

ウルルは、世界最大級の一枚岩といわれています。地表面からの高さは三三五m、周囲は約九kmで、地表面に出ている岩は一枚岩のごく一部です。ウルルの周辺には以前から先住民族が住み、ウルルは彼らの聖地です。同時に、世界からの観光客が集まる観光地でもあります。

ウルル（エアーズロック）

アリススプリングスからウルルまでの道

ウルルへのアクセスとしては、ウルルの近くの空港へ飛行機で行くこともできますが、鉄道駅やより大きな空港があるアリススプリングスからバスや車で行くことができます。約四〇〇kmの道のりですが、平坦なステップを地平線に向かって走ります。集落は約一〇〇kmごとにあり、ガソリンスタンドもあります。レンタカーを借りて次の集落でガソリンを入れようと思っても、小さな集落を見逃してしまうと、一〇〇km先までガソリンスタンドがないので、大変です。ガス欠で動けなくなると、行き交う車はほとんどないので、昼だと灼熱のもと助けがくるまで長い時間待たなければなりません。夜になると真っ暗になり、気温が急激に下がり危険です。ガソリンは早めに補給する必要があります。

なぜ、ウルルに登るか、登らないか問われるのか

ウルルに登ることができます。ただし、雨が降っているときや降りそうなとき、風が強いときなどには登れません。また、麓では無風でも、岩の頂上付近で強い風が吹いていても登れません。このように天候などにより登れないだけでなく、先住民族の文化的なイベントがある日も登れません。

しかし、もっと考えなければいけないのは、ウルルを神聖な場所としている、先住民族のメッセージです。「私たちは登りません。どうか皆さんも登らないでください」という先住民族からのメッセージが麓の看板にあります。

ウルル登山口

これを読んで、「先住民族の聖地を踏みつけるのはよくないので、登るのをやめよう」と思う気持ちと、「せっかく観光に来たのだから登りたい」という気持ちとが交錯する人

も多いでしょう。こうした先住民族の文化の尊重と観光地としての魅力との葛藤がウルルにはあります。なお、ウルルの周囲を回る散策路はいつでも歩くことができます。ウルルの岩肌に刻まれた窪地は、精霊が宿るところとして、散策路を歩いていても写真などの撮影が禁止されている場所もあります。なお、二〇一九年秋から、ウルルへの登頂は全面禁止になることが二〇一七年秋に発表されました。

多文化国家のオーストラリア・選挙の投票率は九〇%以上

先住民族がオーストラリアの人口に占める割合は、二%程度です。一方、オーストラリア以外で生まれた人は、二割ほどいます。オーストラリアはイギリスの植民地時代から白人を優遇する白豪主義をとっていましたが、地下資源が発見されると労働者が不足しました。そのため、世界各地からの労働者が増え、一九七〇年代に移民の人種差別条項を撤廃し、多文化を尊重する多文化主義の国へと、一八〇度の転換ともいえる政策の転換が図られました。様々な国からの移民が増えることにより、法律で移民だけでなく、様々な立場の人の人権を保障し、多文化を尊重しようとしています。そのためには国民に政治参加してもらう必要があります。選挙で投票率を上げるために、投票しなかった人には罰金が課されます。投票率が九〇%以上になるのは、そのような法律があることも大きな要因です。

オーストラリアの内陸部では、空から救急車がやってくる?!

授業のどんな場面で使える?

オーストラリアの内陸部では、人口が少なく医療施設がない地域も多いため、フライングドクターというサービスがあります。自然環境と人口の説明の場面で使えます。

人口密度の低いオーストラリア内陸部

オーストラリアの人口密度は、一km²あたり三人ほどです。しかし、シドニー、メルボルンといった人口約四〇〇万人の都市にいれば、多くの人が生活し、日本と比較して百分の一以下の人口密度の国とは思えません。しかし、内陸部に入ると、乾燥したまばらな低木や草のサバナや砂漠となり、人とあまり出会わない地帯となります。そのような乾燥地帯でも、地下から水がとれるので牛や羊を飼育することができ、牧畜業が営まれています。

オーストラリアの農場は広大！

オーストラリアの農業従事者一人あたりの農地（牧場・牧草地含む）は、約八七〇haです。日本の約三ha、アメリカ合衆国の一六四haと比較しても、かなり広いことがわかります。これは、乾燥地帯であるために、広大な土地を有していないと、羊や牛を飼育できないことを意味しています。また、温帯でのコメや小麦の生産も大規模に行われているということも反映しています。こうした広大な土地をもつ農家では、隣の家まで何kmもあるということは珍しくありません。

広大な過疎地での医療、フライングドクター

広大な土地に、わずかな人しか住んでいないということは、広大な過疎地ということが

できます。日本では山間の集落などで若い人が都会に出て、人口が減少した過疎地が問題となりますが、オーストラリアでは、もともと人が住んでいないようなところを開拓して牧場とし、人が住むようになり（いいかえれば、人口が増えたので）、過疎地となったのです。このような過疎地で問題となるのは、人口が少ないために商業施設や医療施設などが維持できないので、住んでいる場所の近くで買い物ができなかったり、医療が受けられなかったりすることです。買い物は、遠くまで行ってもまとめ買いができますが、急に病気になったときに大変困ります。

そこでできたサービスが、空飛ぶ医者、フライングドクターです。フライングドクターのサービスは、オーストラリアだけでなくいくつかの国でもありますが、オーストラリアのフライングドクターは規模も比較的大きく、サービスも全国に及んでいます。急病患者がいれば、軽飛行機が近くまで飛んできてくれ、飛行機の中で治療し、基地の病院へ搬送してくれます。しかし、飛行場が近くにあるとは限らないので、舗装された、あるいは平坦な直線の道路が滑走路となることもあります。

フライングドクターは、どこから飛ぶ?

オーストラリアでは、フライングドクターの基地が全国に二〇ほどあります。基地には医療用の軽飛行機があり、二四時間体制で待機しています。オーストラリアでのフライングドクターのサービスは、一九二八年から始まりました。その後、サービスが充実し、六〇機以上の軽飛行機と一〇〇〇人ほどの医師、看護婦、パイロットなどが従事しています（高橋伸夫・井田仁康編『面白いほど世界がわかる「地理」の本』三笠書房、二〇一二年）。フライングドクターのサービスは、急患を治療、輸送するだけでなく、無線などで患者に手当を指示したり、担当地域内を飛行機で巡回して検診したりすることも、重要な任務です。基地によっては、日本の面積と同じくらい広い地域を担当しています。そのため、検診のときは、数一〇〇km離れた場所から検診を受けにくる人もいます。

フライングドクターの通信網を活用した無線学校

過疎地域では、学校への通学方法も課題となります。家から学校までが遠く、通学できない子も多くいます。そのような子どもたちにも教育が受けられるように、無線学校が開設されました。フライングドクターサービスのラジオ通信網を使った学校もあり、周囲に学校がない子どもたちも、無線によって先生の指導を受けられるようになりました。現在ではＩＣＴも活用され、何らかの理由で学校に通えない子どもたちの教育も担っています。

■世界の様々な地域　世界の諸地域

ミクロネシア連邦ヤップ州島民の譲れない誇りとは?!

授業のどんな場面で使える?

オセアニア州の南太平洋には多くの島があり、それぞれに文化があり、伝統的文化に誇りをもって受け継いでいる島もあります。民族・文化を説明する場面で使えます。

州や島ごとに文化のあるミクロネシア連邦

地図帳のオセアニア州を開いてください。赤道から北緯一〇度にかけて、ミクロネシア連邦があります。ミクロネシア連邦は、西太平洋上の東西約三二〇〇km、南北約一二〇〇kmの広大な海洋上に点在する六〇〇あまりの島からなり、ヤップ、チューク、ポンペイ、コスラエの四つの州に分けられます。熱帯雨林気候で年平均気温は二六〜二八度と暖かく、特に首都パリキールがあるポンペイ州は世界有数の多雨地域です。一九八六年に独立していますが、アメリカとは自由連合関係にあります。

第二次世界大戦以前は、スペインやドイツの占領地を経て、日本の植民地となりました。そのため、老人の中には日本語を理解する人もいます。戦後は、アメリカの信託統治領であったことから、連邦の公用語は英語です。ヤップ語、チューク語、ポンペイ語、コスラエ語など八つの固有語があるとされ、それぞれ州（島）ごとに独自の言語をもっています。

ヤップ州の文化

ヤップ州は多くの島からなりますが、ヤップ島が中心となる島です。ミクロネシア連邦の占領の歴史からわかるように、伝統的な生活様式に、様々な国が占領することにより、それらの国々の文化も入ってきました。ヤップ島では調味料の名が日本語のまま使われています。もともとあった文化が、他の文化と混じり、新たな文化をつくりだすこともあります。

ヤップの伝統的文化

ヤップ州は、伝統を重んじる州です。経済的にはアメリカに強く依拠しているものの、石貨の文化、村の階層性、自給自足を基本とする生活が残っています。石貨は、物を買うなどのお金として経済的に用いられるのではなく、感謝のお礼などといった儀礼的に用いられます。石貨を多く持つことは、島民からの信望が厚いことを意味します。

ヤップの人たちは、島のダンス、他人への敬意、草でつくったスカート（衣服）といったことが島の文化だと考えています。島のダンスは、伝統的な衣装をまとって祭りや儀礼の際に披露されます。ヤップの伝統的衣服は、男性も女性も腰布のみで、それらの腰布が草からつくられています。

ヤップ島での石貨

伝統文化の誇り

ヤップ島で出会った老人は、伝統的な服装をしていました。ヤップ島の島民の多くはTシャツ、ジーパンなどを着ていますが、この老人はお金がなくて服を買えないというのではなく、ヤップ人としての誇りとして、伝統的衣装を着ているのです。伝統的衣装は、男性だけでなく、女性でも着ている人がいます。女性は草でつくったスカートに、上半身は何も着ていません。島のスーパーマーケットでこのような女性に会うと、慣れないためにこちらがびっくりしてしまいますが、彼らの文化に慣れると日常の風景の一つとなります。ヤップ州のある島では、伝統的衣装に着替えないと、外から来る人の入島を認めません。

伝統的衣装の島民

ヤップの一部の人が伝統的衣装を着続けているのは、その衣服がヤップの気候に合っているという自然的条件だけでなく、伝統的な文化を保持し、その文化に自分たちの誇りをもち、将来的に文化を継承しようという表れと見ることができるのです。

■日本の様々な地域　地域調査の手法

平凡が非凡?!
―地域調査の楽しさ

授業のどんな場面で使える?

地域調査は地理の醍醐味です。見慣れている景色でも、気づかないことやじっくり観察していると発見できることもあります。地域調査の観点を学ぶ場面で使えます。

様々な地域調査

地域調査といえば、面倒くさいと思う人がいるかもしれません。また、外へ出て学習できるので、ウキウキするという人もいるかもしれません。

面倒と思っていても、いろいろなことが目前の景色から発見できると、結構楽しいものです。教科書では、いろいろな準備が必要で、調べ方などについても丁寧に説明されていますが、まずは外に出て、観察してみましょう。学校は、どんなところに建っているでしょう？　少し高いところに建っていませんか？　特に、海の近くや川の近くでは、高台に建っていることが少なくありません。洪水や高潮、津波などが来たときに、安全な場所にあると、近くに住む人たちの避難所となることも想定されています。

住宅の周りはどうなっていますか？　コンクリートの塀や植物で覆われた垣根などに、囲まれているかもしれません。高い垣根は、夏の日差しを遮り暑さを和らげたり、外から中が見えないようにしたり、火事の火をよけたりするなどいくつも意味をもっています。また、泥棒が入らないように、そして、外から車がぶつかってきても大丈夫なように、コンクリートの塀をつくることもあります。近年では高い塀をつくらずに、外から家が見え、泥棒が隠れるところをなくすように、柵だけで敷地を囲う家も多く見られます。

こうして外に出て観察することにより、普段何気なく見ているものにも意味があることが発見できます。このように、地域（風景）を観察して知識を得たり発見したり、意味づけたりすることを、野外観察ということがあります。野外観察も野外調査の一つの形です。

目的をもった野外調査

野外調査は、目的をもって始めます。住宅地だとコンビニがたくさんあります。せまい地域に、多くのコンビニがなぜたくさんあるのだろうと、疑問をもったことはありませんか？　そのような疑問が、野外調査の目的となります。地図を片手に、どこにコンビニがあるか、地図上にその場所を記していきます。地図でコンビニの場所がわかったら、コンビニ同士の間隔を測ったり、五〇〇ｍの円を、コンビニを中心に引いてみたりしてください。人が多くいる場所ではコンビニの間隔がせまく、また、円の中に住宅や働く場所が多い場所では円が多く重ならないでしょうか？　そのようなコンビニの立地の規則性が見いだせると、コンビニの立地と地域の特徴との関連がわかってきます。

さらには、場所によりコンビニの品ぞろえに違いはないでしょうか？　住宅地、ビジネス街、農村部、それぞれ買う人の特性により、コンビニの品ぞろえが変わってきます。ビジネス街ではワイシャツが、農村部では野菜の種が売っていることもあります。

平凡という非凡

その地域の人などに、いろいろなことを聞いて情報を得ることを、聞き取り調査といいます。聞き取り調査では、「ここには目立ったものは何もないよ」と回答する人もいます。つまり、平凡ということです。

茨城県の大子町では、比較的暖かいところで栽培されるお茶と、比較的寒い地域で栽培されるリンゴが特産です。そこに住んでいる人にとって、お茶畑とリンゴの果樹園が隣り合っていることは平凡な景観ですが、お茶畑とリンゴ果樹園が隣接しているのは、それが栽培される条件から見れば、極めて珍しいことです。つまり、非凡なのです。

下の写真の信号機を見てください。縦に赤・黄・青の三つ並んでいる信号機は、雪の多い地方で普通に見られる平凡な信号機です。しかし、雪のあまり降らない地域では、横に三つの信号が並んでいるので、雪の降らない地域の人が見ると非凡な信号機です。地域調査で、平凡の中の非凡を探してみてください。

縦に並ぶ信号機

地図記号は覚えても意味がない?!

授業のどんな場面で使える?

地形図は等高線で地表の起伏が表されたり、地図記号で土地利用や施設が示されたり、道路や鉄道が載っていたりする地図です。地形図の学習の場面を想定しています。

地図は必要?

そもそも、地形図をはじめとする地図は必要なのでしょうか? どこかに行くときには、地図で場所を確認したり、道を地図で辿ったりするので、その意味では地図は必要といえるでしょう。しかし、様々な情報が入った地形図は必要なのでしょうか? 道路や主要な建物だけがあればいい場合もあります。それにこたえるのが、道路地図です。用途に合わせて地図を選べば地形図は必要ないかもしれません。しかし、一枚の地図で道路や建物、地形などを見るためには、地形図は大変役に立ちます。そのため様々な地域のことを観察し調べるためには、地形図が大変役に立つのです。

地形図の地図記号

地形図の学習では、地図記号を覚えようとすることがあります。このことには意味があるのでしょうか? 知っていれば便利なこともありますが、地図には必ず凡例があり、その地図記号が何を示しているか書いてあるので、地図記号を凡例で確認すれば済むことです。地図ごとに凡例があるということは、地図ごとに地図記号が異なっているということです。同じ地形図でも、二万五千分の一と五万分の一では、地図記号が少し異なっています。ましてや、地形図と他の地図とでも違いますし、外国の地形図でも地図記号は異なります。覚えた地図記号が、どんな地図でも共通していると思っている人もいますが、それは違います。地図によって地図記号が違う、だから、どの地図にも凡例があるのです。

また、地形図での地図記号でも、新しく頻繁に出てくるような施設は、文字で示すより記号の方が見やすいので新たな地図記号となることがあります。二〇〇二年から図書館などが、二〇〇六年からは風車などが新たな地図記号として加わりました。反対に、記号で示す必要があまりなくなった工場や桑畑の地図記号は、二〇一三年の地形図からなくなりました。一九六〇年頃の地形図では、畑の地図記号「∨」が見当たりません。畑がないのでしょうか？　そうではなく、畑は空白、つまり、何も書かれていない空白の区画が「畑もしく空地」なのです。このことは凡例に載っています。今の地形図の地図記号を覚えることは、地形図から即座に土地利用を判断して、地域の特徴を考察しやすくなるということでは意味があります。しかし、その地図記号が、過去の地形図や外国の地図などを含めてどの地図にでも適用できるわけでないことを頭の片隅に入れておいてください。

進化する地形図

地形図が苦手になるのは、等高線を見て、それを読むのが難しいという理由があります。等高線から頭の中で立体的に再現してみるのは、とても困難です。等高線から谷と尾根を読むのも、慣れないと苦痛なのではないでしょうか？　等高線は、もともと立体的な地形を平面で表そうとする工夫です。それなら立体的に見られれば、等高線から立体をイメージする必要はありません。それを実現したのが３Ｄ（立体）マップです。国土地理院のサイトにアクセスすると、地理院地図で日本のどの地域でも、自由に縮尺を変えられ、さらに３Ｄマップで見ることもできます。頭の中で立体的にしなくても視覚的に見られるので、わかりやすくなります。さらには、そのサイトの「地理教育の道具箱」から古い地図も見られるので、地形図で今昔の状況を比較することも可能です。地形図が電子化することにより、必要な情報だけを示すこともできるようになりました。

　地図をベースとして、自分で必要な情報を載せる、つまり、ＧＩＳ（地理情報システム）の考え方で、地図の活用はどんどん広がっています。自分の関心のあることを地図に反映させて、自分らしい地図をつくってみてはどうでしょう。

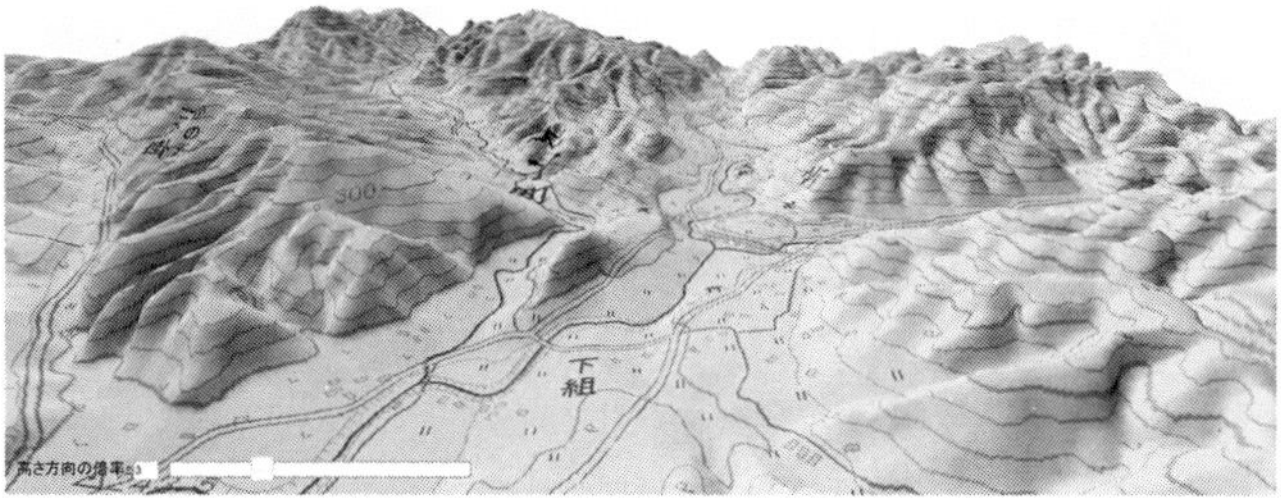

地形図　茨城県大子町生瀬周辺（国土地理院 Web サイトより）

日本が七地方区分なのには根拠があるの?!

授業のどんな場面で使える?

日本を七地方に区分し学習していきます。この地方区分は明治時代にはすでに使われ、現在でも慣習的に用いられています。地方区分の意味を考察する場面で使えます。

なぜ、地域区分をするのか

日本の学習では、日本を九州、中国・四国、近畿、中部、関東、東北、北海道の七地方に区分し、それぞれの地方ごとに学習されます。なぜ、わざわざ地方を区分し、学習するのでしょうか？　それは、日本といっても場所により気候が違い、人々の暮らし方や文化が異なるので、そのような特徴が類似した地域に分けて考える方が、日本の国土の特徴を理解しやすいからです。つまり、似たような特徴をもつ地域が、いくつか集まって日本が構成されているのです。日本の七地方区分は、明治時代に画定されたといわれていますが、これは地域区分にもとづいていて、まったく根拠がないわけではありません。反対にいえば、根拠があるから、地域区分されるのです。その根拠を「指標」といいますが、「指標」により地域区分は異なります。

どのように地域区分はなされるのか

まず、次ページの図を見てください。気候を「指標」で、一月の平均気温がマイナス四度以下、〇度以下、四度以下、四度以上の等温線で地域区分しました。また、地形を「指標」とすると、山がちな地域と平野の地域とに分けることができます。山がちな地域は内陸部、平野の地域は海岸部に沿って分布しています。また、海や高い山脈は、昔は交通の壁となって人々や物資の交流が進みませんでした。それにより、海や高い山脈をはさんで習慣や食べ物、言葉などの文化が異なることが多くありました。海や高い山脈が文化の境界となりやすいことと、気候と地形との二つの地図を重ね合わせてみると、九州以南の四度以上の場所が広がる比較的山がちな地域（九州）、四度以下の山がちな地域（中国・四国）、四度以下でも平野部の多い地域（近畿）、四度前後で平野が多い地域（関東）、山がちで寒冷な地域（東北）、海をはさんでさらに寒冷な地域（北海道）などが見いだされます。このような地域を都道府県の境界により地域区分していくと、七地方区分の原形ができてきます。さらに、他の「指標」を加えることで、明瞭な七地方区分となっていきます。

1月の平均気温
（気象庁「過去の気象データ」より作成、
http://www.data.jma.go.jp/gmd/risk/obsdl/index.php）

山地と平地
（国立地理院の基盤地図情報「基本項目」より作成、
http://www.gsi.go.jp/kiban/）

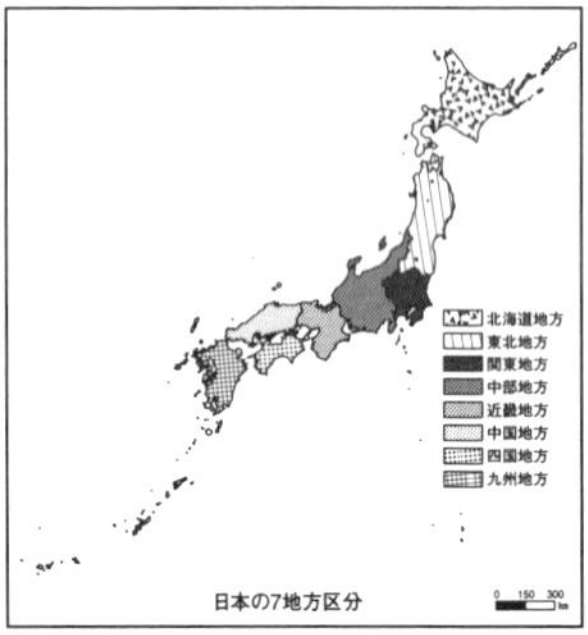

日本の7地方区分

地域区分はたくさんある

地理では、「地域」は、類似の特徴をもつ空間のまとまりという意味で使っています。ですから、似たような気候による空間のまとまりは、気候による地域区分となり、似たような食生活による空間的なまとまりは、食生活による地域区分となります。このように、「指標」ごとに様々な地域区分ができます。

日本の国土を総合的に理解するためには、様々な「指標」にもとづいた、総合的な地域区分が必要となります。そのため、様々な「指標」での地域区分図が重ね合わされたものが、七地方区分ということもできます。

七地方区分でなければいけないのか

七つに区分された地域（地方）がもとからあるのではなく、特徴の似たまとまりのある七地域を学習することで、日本の国土をよりよく理解しようとしています。しかし、日本を理解するためには、七つという地域の数が複雑で多すぎたり、より詳細に地域区分しないと日本の多様性が理解できないので、七つでは少なかったりすることもあるかもしれません。日本の国土をよりよく理解できるなら、地域区分は七つである必要はなく、根拠のある地域区分がそれよりも多くても少なくてもいいのです。

人がいなければ災害ではない?!
―世界的に深刻な山火事

授業のどんな場面で使える?

日本では台風、噴火、地震、少雨による災害がありますが、世界には他の原因による災害もあります。地域による災害の現れ方の違いを学習する場面で使えます。

自然災害の多い日本

自然災害とは、自然現象が人の社会に悪い影響を及ぼすことです。したがって、どんな大地震が来ても、台風が来ても、洪水があっても、そこに人が住んでいなく、人の社会に影響がなければ、災害とはいいません。地震や火山、台風などの自然現象のない場所を見つけて住めば、自然災害はないことになります。しかし、世界のどこに行っても自然現象があり、人がどこかに住めば、その地域の自然現象の影響を受け、災害も受けることになるでしょう。

世界には、シンガポールのように、地震もほとんどなく、火山もなく、台風が来ることもない地域があります。そこでは、海が近くても洪水や高潮、噴火による災害もありません。しかし、その地域特有の気象などによる何らかの災害があります。

日本は、地震や津波、火山の噴火、台風などの気象災害といった自然災害が多い国です。しかし、災害を与える自然現象が長い時間をかけてつくりあげた風景の美しさがあり、火山があることで温泉があり、雨や洪水が豊かな土地にしているということもあります。災害がある一方で多くの恵みがあり、その恵みを守り、幸せな生活を維持していくために防災があるのです。

乾燥する地域での災害

日本の土地利用の七割近くは、森林です。森林が多い国でも、雨が少なく乾燥しやすい国では、山火事が深刻な災害となります。アメリカ合衆国、オーストラリアなどでは、山火事で森林が燃え、燃える森林が拡大し、山の麓の集落まで燃え広がり、集落の家までも燃やしてしまうことがあります。

山火事は自然現象、人災?

山火事の原因は、人によるものと自然によるものがあります。たばこの吸い殻を捨てる、キャンプの火の後始末をしないなどにより、落ち葉や枯れ葉に火が燃え移り、山火事となることがあります。ポルトガルでは、森に近い畑で肥料とするための草や枝などを燃やすことで、その火が森に燃え広がって山火事となり、多くの人が死傷しています。このような山火事は人災ですが、自然現象によるものもあります。乾燥した日に風が吹き、その風が乾燥した葉を揺らし、それらの葉が擦り合うことで摩擦熱が生じ、それが原因となって火が出て燃え広がっていくのは自然現象による山火事です。この場合、あちらこちらで同時に発生する可能性が高く、出火元が多岐にわたり燃え広がっていくので、山火事が発見されても消火の方法がありません。山の中に消防車は入れないので、ヘリコプターで空から消火剤をまいたり、集落周辺の木を切ったりして集落にまで延焼しないような方策がとられますが、それらの方策が間に合わないと、多くの家が焼けてしまいます。消火にあたろうとしている人が山に近づけないために、燃え尽きるまで待たなければならないこともあります。アメリカ合衆国カリフォルニア州のシエラネバダ山脈にあるヨセミテ国立公園の山火事では、近隣住民に避難勧告が出ました。火事現場から離れた場所でも煙が立ち込め、周囲の美しい景色が煙ってしまいます。空の太陽も煙で輪郭がわかる程度になります。停電も起こり、日常生活や観光地にも影響を及ぼします。

ヨセミテ国立公園付近の山火事（アメリカ）

山火事による防災

たばこの吸い捨てなどの人災は避けることができますが、自然現象に対応することは難しくなります。しかし、道路に大きな乾燥の度合いを示す掲示板を置いて、山火事の起こりやすさを伝え、通行客に山火事に巻き込まれないように、つまり、災害にあわないような工夫をしている場所もあります。これも防災の一つといえます。

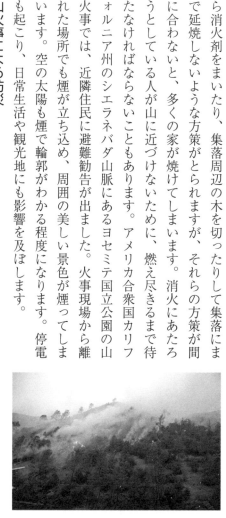

■日本の様々な地域　日本の地域的特色と地域区分

ハザードマップを信じてはいけない?!

授業のどんな場面で使える?

防災にかかわる危険を予測する際には、自然災害の被害想定や避難場所を示したハザードマップが有効に活用できます。防災を考える学習の場面で使えます。

ハザードマップを読む

ハザードマップは、国や都道府県、市町村といった自治体などが、地震や火山災害、洪水など、その地域で起こり得る自然災害などについて、住民が防災や減災に取り組んだり、災害時に避難できたりするように作成された地図です。どの地域においてもハザードマップが作成されていますが、まず、そのハザードマップがあることを知らなければなりません。市町村の自治会などを通して、ハザードマップが配布されているのですが、気がついていない人も少なくありません。授業でも紹介されますが、まずは自分の住む地域のハザードマップを、いつも見ることができるところに置いておきましょう。

ハザードマップを持っていても、それを見ておかなければ意味がありません。河川の近くの地域では、洪水による予想被害のハザードマップになるでしょうし、津波が予想される海岸付近の地域では、津波被害のハザードマップが配布されていることでしょう。自然災害が起こったときには、ハザードマップを持って避難することはできないと思われますので、自分のいるところが被害のあいそうな場所かどうかを認識しておかなければいけません。そのために、ハザードパップを見て、自分たちの地域のどのような場所で被害が起こりやすく、その場合、どこに避難したらいいのかを確認し、どのようなルートで避難するのか考えておかなければいけません。このようにハザードマップを見て、一連のことを考えることを、「ハザードマップを読む」といいます。ハザードマップを読み、災害時にはハザードマップがなくても、避難できるようにしなければなりません。

ハザードマップを読めることが、ハザードマップを信じない前提

「ハザードマップを信じるな」の前提は、「ハザードマップを読める」ことです。災害時に身を守れるように、ハザードマップを読んで、頭の中に入れておくことは大事です。それは、自分だけでなく、他の人を助けることにもなります。体の自由がきかない老人や、どうしていいかわからない人たちに力を貸しながら避難することも可能です。災害時に何が起こっているか、どうしていいのかわからない人たちの気持ちを理解できるのは、災害が起きる可能性があることを日常的に意識し、ハザードマップを読んでいることで避難路をわかっている人たちです。災害時に他の人たちに気づかいできるのも、ハザードマップを読んでいるからこそできるのです。

ハザードマップを読めるということは、そのハザードマップがどのような想定のもとで作成されたのかを知っていることなのです。つまり、その想定を超えた災害が来た場合には、ハザードマップで示された避難路や避難場所でも危険なことがあるということなので

す。このことが「ハザードマップを信じるな」ということにつながります。

ハザードマップを超えて

ハザードマップの想定は、ハザードマップを読むときに確認しておかなければいけないことです。自分でハザードマップを作成しようとすると、どのくらいの災害規模を想定しているかを考えるでしょう。ですから、自分でハザードマップを作成する経験をもつと、そのことがいっそう理解しやすいでしょう。想定を超えたかどうかの判断は難しいですが、異常な揺れや降水などが、その判断の根拠となります。

さらには、ハザードマップを見て、実際にその場所に行って土地の様子を確認し、避難路、避難場所を確認することも大事です。もしハザードマップに示された避難路が、災害時に人が集中したときにせまい道だったりしたら、代わりの道を探しておかなければなりません。それはハザードマップを作成した自治体などにも連絡して、改善してもらったり、代わりの道を一緒に考えたりすることにもつながります。災害時には自分を守る（自助）、人のことを理解して他の人も一緒に守る（共助）、そして、自治体など集団で守っていく（公助）が必要とされます。災害の防災、被害を少なくする減災は、ハザードマップを読む、周辺を意識して歩いてみるなどの、ありきたりですが、日常の心構えが最も重要です。

虫を食べる文化は世界共通?!
―系統地理的な考察

授業のどんな場面で使える?

自然、人口などから日本の地域的特色を明らかにしようとする観点を系統地理的な考察といいます。食虫からも系統地理的な考察ができるという場面を想定しています。

「虫を食べる」文化は日本の共通性？

皆さんは、虫を食べたことがありますか？　多くの人は「ない」と答えるかもしれません。しかし、パンやチョコレート、コメはあるでしょう。

パンの原料となる小麦やチョコレートの原料となるカカオに虫がついていれば、その虫は小麦やカカオとともに粉などになり、パンやチョコレートの中に入っているかもしれません。コメにも蛾の幼虫が入って、そのまたくと米粒と区別がつかないで食べてしまうこともあるようです。このような事例は、意識的に虫を食べるということではありませんが、意識的に虫を食べることは、日本の広い地域で行われていました。

野中健一氏（『昆虫食先進国ニッポン』亜紀書房、二〇〇八年）によると、日本全区で虫を食べています。特にイナゴ（佃煮など）、ハチ（佃煮、炒めなど）はよく食べられるようです。このように虫を食べるのは、日本の共通性ということができます。大正期には長野県、山梨県、山形県などで比較的多くの種類の虫を食べていました。山間部では種類も多く、捕らえやすい虫が、タンパク質やカルシウムを摂取する食物として食卓にのぼったのでしょう。このように、特によく虫を食べるような地域は、地域的特殊性ということができます。しかし、現在では過去に多くの虫を食べていた地域でも、虫を食べることは少なくなりました。そのような状況でもイナゴは、現在でも多くの地域で食べられ、長野県のみならず、栃木県、茨城県、新潟県などでも、イナゴの佃煮がお土産として売られ、東京の高尾山の土産物屋でも売られています。

世界でも虫を食べるのは共通?

虫を食べるのは日本だけでなく、南北アメリカ、ヨーロッパ、アフリカ、オセアニア、アジアと世界各地で食べられています。中国の北京ではサソリを焼いて売っていたり、タイでは水生昆虫のタガメなどが売られていたりします。焼いて食べたり、煮たり炒めたりして食べます。また、芋虫を油で揚げたスナックも日常的に売っていて、ポテトチップスと同じような感覚で、若い子も袋に入った揚げた芋虫を食べています。虫を食べるのは世界共通といえます。

中国北京にて街角で売っていました

日常的な食材から高級食材となる虫

虫が日本のみならず、世界共通の食物となっている背景には、食べられるような虫がどこにでもいて、比較的捕らえやすく、タンパク質やカルシウムを得るのに好都合だったことがあげられるでしょう。つまり、虫は身近な食材だったのです。

日本では、水田がイナゴの採取地としての適所で、網を持って子どもたちがイナゴを捕まえ、家に帰って家の人が佃煮などにしてくれ、おやつとして、また、おかずとして食卓にあがりました。日常の食べ物で、奇妙なものでも気味悪いものでもなかったのです。

ところが、水田に強い農薬がまかれるようになり、水田の虫は減り、イナゴなども捕まえにくくなりました。人々の食生活も多岐にわたり、虫は段々食べられなくなり、珍しい食べ物となりました。そのため、イナゴなどの虫も、値段が比較的高くなっています。それはタイでも同様です。タガメは比較的高いものとなってしまいました。

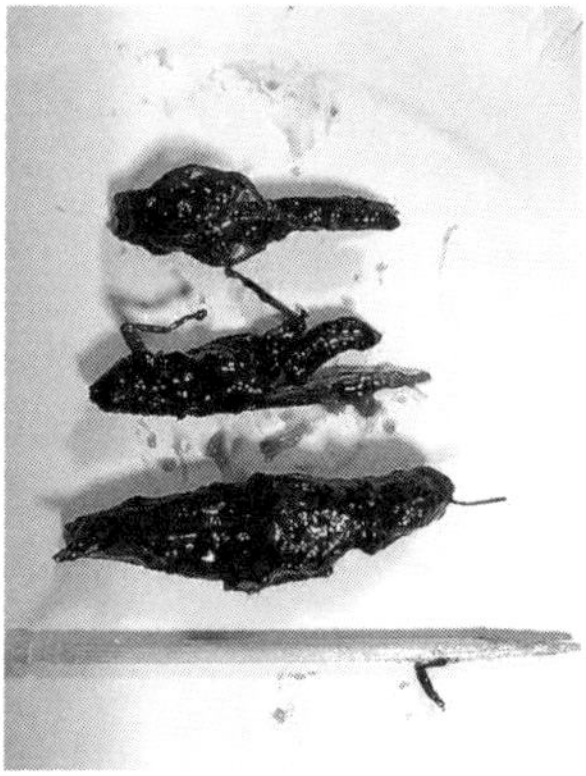
イナゴの佃煮

宮崎県の高千穂の民宿でハチとハチの幼虫を出してくれました。今では、なかなか手に入らない食材となっていました。夕食のメニューにはありませんでしたが、特別に頼んで炒めて食べさせてもらいました。高級な味わいでした。食文化は変化し、日常的にどこでも食べられていたものが、珍しいものとなることがあります。その典型が虫なのです。

取手で直流と交流が切り替わるのは、フレミングの法則のため?!

授業のどんな場面で使える?

鉄道は地域間の結合を担っています。電気を動力源とする電車ですが、直流と交流の区間があります。日本国内の結びつきの交通網の整備を説明する場面で使えます。

直流で走る電車、交流で走る電車

鉄道は旅客や貨物を輸送することで、地域間を結びつける重要な役割を担っています。鉄道を走る車両には、石炭、石油、電気を動力源とするものがあります。電気を動力源とする電車に着目しましょう。電気には＋から－への一方向に電流が流れる直流と、＋と－が交互に入れ替わる交流があります。家庭用の電力は交流ですが、電車が走り始めた一八九五年からは直流が採用されました。直流の施設が技術的にも経費的にも有利であったことによります。早くから電車が走った首都圏などでは直流方式となりました（原田勝正『鉄道の語る日本の近代』そしえて、一九七七年）。

一九五〇年代半ばになると、地上のコストが抑えられることから交流による電化が進められ、電車が走る区間でも、直流区間と交流区間が存在することになりました。直流用の電車は、交流区間は走れません。そのため、一九六〇年代から直流と交流の両方を走れる電車が製作されるようになりました。しかし、この交直両用電車はコストがかかるので、すべての電車が交直両用になったわけではありません。

首都圏の電車で交流区間に入れない電車

首都圏では、ＪＲや多くの私鉄が路線網を充実させて地域間の結合を強めています。それらの多くは電車で直流方式（新幹線は交流方式）です。常磐線に注目してみましょう。

常磐線は、東京方面から取手までは直流、その先が交流となります。取手行きの電車は直流方式です。取手から先、水戸方面へ行く電車は交直両用車両で、取手を過ぎると直流から交流に変わります。電流方式が変わることで乗り心地は変わりませんが、以前は直流と交流との切り替えのため、電気がとれない区間に入ると車内の電灯が消え、夜は暗くなったのですが、現在の車両は技術が進歩し、車内が暗くなることはなくなりました。

直流用電車と交直両用電車の見分け方

ＪＲの場合、車両の側面の「モハ」とか「クハ」とかのカタカナがあり、次に三桁の数字があり、その百の位の数が「1」「2」「3」は直流電車、「4」「5」は交直両用電車となります。「モ」はモーターのある車両、「ハ」は普通車、運転台がついている車両は「ク」、モーターのない車両は「サ」で示されます。なお、二〇〇五年に秋葉原とつくばを結ぶつくばエクスプレス（ＴＸ）が開通しましたが、秋葉原・守谷間が直流、守谷・つくば間が交流です。ＴＸの車両は、側面の四桁の数字の千の位が「1」が直流用車両、「2」が交直両用の車両となり、直流方式の車両は秋葉原と守谷の間のみの運用となります。

なぜ途中から交流区間となるのか

常磐線では取手、比較的新しく開通したＴＸでは守谷が直流区間と交流区間のポイントになっていますが、理由があるのでしょうか？　東京近郊では、ほとんどの鉄道が直流なので、鉄道用の直流の電気が手に入れやすいことや、東京方面と取手や守谷の間までの乗客が多いこともありますが、特殊な事象があります。地図帳で関東のページを開いてください。常磐線の石岡と筑波山の間に「地磁気観測所」がありませんか？　ここでは地球の微妙な磁気を観測しています。地球は一つの大きな磁石とみなされ、Ｎ極とＳ極がありますす。しかし、地球が回転する軸の中心と磁石としてのＮ極とＳ極の位置は微妙に異なり、変化もします。それを測定しているのが地磁気観測所です。直流の強い電流が流れ続けると、フレミングの法則でそこには磁気が生じます。その磁気が地磁気の観測に影響を与える可能性があるので、この観測所から一定の距離のところでは強い磁気を発生させる直流の電流は流せません。その限界の地点が取手であり、守谷であるのです。東京方面から来ると、取手や守谷で鉄道の電気が直流から交流に変わる理由は、こんな地域の事情にもよるのです。電流を切り替えるため、電気がとれない区間では、冷房が切れたり、車内の側面の掲示板の灯りが消えたりします。それは、電流が切り替わる証なのです。

東京から根室までのバス旅に出れば、地域間の結びつきを実感できる?!

授業のどんな場面で使える?

交通・通信による地域間の結びつきは、旅行などで体験することができます。高速道路の整備をはじめとした、国内各地の結びつきを学習する場面で使えます。

東京から根室までバスを乗り継ぐ

鉄道好き、バス好き、旅行好きの人は多いと思います。鉄道好きから地理学者になった人も少なくありません。さて、東京から北海道の東端、根室までのバス旅行を計画してみました。高速バスや都市間バスを乗り継いでの旅行です。車窓の風景を観察するため、移動は昼間、つまり、夜行バスは使いません。バスの便がない青森・函館はフェリーの移動です。これにより、地域間の結合を実感するのです。

上野から青森までのバス

東京から全国各都市へは、新幹線をはじめとする鉄道、航空などで結ばれています。東京が日本の地域間結合の中核となっています。旅客輸送では、短距離では鉄道・自動車が便利で、中距離では鉄道、長距離では航空が有利とされます。しかし、高速道路の充実で中・長距離でも自動車、高速バスの利用も見られます。特に長距離高速バスは、比較的安く、寝ている間に目的地に着くので、昼間の活動時間が確保できるとあって人気がありま す。従来は夜行寝台特急が担っていた役割を、今や高速バスが取って代わっています。

東京から青森までも、多くの夜行バスの便がありますが、昼間のバスを利用しました。上野を一〇時に出るバスは、夏休みともあってほぼ満席でした。東北道をバスは走ります。

東京から東北地方に向かうほどに、高速道路を走る車の数は減る傾向にあり、東京との結合は東京近郊の県でよりいっそう強いことがわかります。仙台など東北の大都市周辺では車の数が増え、仙台を中心とする東北の地域間結合もわかります。日も暮れる頃、バスは高速を降りて弘前でお客さんを下ろし、終点の青森に到着しました。予定より少し早く、二〇時二〇分の到着です。

津軽海峡を渡って北海道へ

青函トンネルが開通する一九八八年以前、陸路で北海道へ向かう人は青森駅で青函連絡船に乗り換え函館まで来て、再び鉄道で札幌などに向かいました。現在は、津軽海峡を渡るフェリーは青森駅から離れ、トラックなどが積みやすい港から出ます。自動車やトラックを積み、青森港を七時四〇分に出港したフェリーは、下北半島と津軽半島を両側に見ながら津軽海峡を渡り、正面の函館山を回り込んで函館に着きます。函館は津軽海峡の荒い波を受けないような湾の奥にある良港です。日本ではフェリーのような車と貨物を一緒に運べる海上輸送が、特に貨物輸送による地域間の結びつきに大きな貢献があります。

函館から根室

函館に一一時二〇分に着き、駅まで移動して一三時二〇分発の札幌行きのバスに乗ります。このバスは、横三列で、隣の人を気にせずに座れます。函館から札幌、これから乗る札幌から釧路の路線も複数のバス会社により運行されており、バス会社間の競争もあり、集客のためゆったりしたバスが採用されています。札幌に近づくにつれ、高速道路が込み始め、札幌が北海道の都市間輸送の中核であることがわかります。

一八時五〇分札幌着、翌日七時四〇分のバスで釧路へ。十勝平野に入ると牧場、牧草地が多くなり、牧歌的な風景となります。このバスも多くのお客さんが乗っていました。釧路に一二時四五分に着き、一三時三〇分発の根室行きのバスに乗ります。一日三便ですが、お客さんは数人。人口も少なく車窓には湿地の平原と林が多くなります。北海道では、中核となる札幌との地域間結合は強いものの、隣接する地域の結合はそれほど強くないと、「シカ注意」の表示がある道路を見ながら実感し、一六時一〇分に根室に着きました。

「シカ注意」の道路標示

■日本の様々な地域　地域の在り方

地理を学習することで、人間としての魅力が増す?!

授業のどんな場面で使える?

地理は、日本や世界を知るだけでなく、その知識を基盤として将来の地域や自分の生き方を考えるための学習なのです。地域の在り方を学習する場面を想定しています。

どうして地理を勉強するの？

地理を勉強する理由とは何なのでしょう？　地理が楽しい、おもしろいと思って勉強している人には、特に理由は必要ないですね。しかし、学校の時間割にあるので仕方なく、テストがあるから知識を覚える、といった理由だとつまらない勉強になってしまいます。

一九六九年から一九九五年まで続いた『男はつらいよ』という映画の中で、大学受験をひかえた甥に、主人公の寅さんが質問されます。「どうして大学に行くのかな？」そのときの寅さんの回答は、何か問題が起きたときには、自分の頭できちんと筋道を立てて、こういうときはどうしたらいいか考えることができる、というものでした。その回答は、社会科や地理を勉強する理由でもあります。つまり、地域的な課題があるときに、きちんと筋道を立てて、解決策を考えることができることが、地理を勉強する理由となるのです。

地理での考える筋道

「筋道を立てる」とは、いいかえれば学習のプロセスを立てるということです。学習のプロセスとは、①課題を捉える、②資料を収集する、③資料を整理する、④分析・解釈する、⑤自分の考えや意見をまとめ、他の人の考えや意見と照らし合わせて討論する、⑥課題を解決するための方策を提案し、実行できるようにする、という流れをいいます。

①の課題を捉えるでは、地理の勉強を通して、これからの白分や地球のために解決していかなければならないことは何かを見いだすことです。地理では、自然環境の悪化、地域間の不平等など、それらにかかわることが課題としてあげられるでしょう。そして、その課題に関する、様々な要因に関する知識や資料が集められ、表や図にして整理します。自分たちが課題を見いだす前に、教科書に課題が書かれ、その資料も整理して示されていますが、教科書は一例で、もっと多くの課題があります。

次に、整理された資料にもとづいて、分析・解釈していきます。この分析・解釈の観点が、地理的な見方・考え方となります。このような分析・解釈をして、自分はこの課題に関してどう考えるのか、どのように解決すべきなのかということをまとめます。さらに、自分の意見や考え方は課題解決に向けて有効なのかどうか、他の人たちの意見を聞きながら討論し、課題解決を図ります。課題によっては、もっと資料や知識が必要なものや、意見が分かれるものがあり、さらに今後も継続して考えていかなければいけないでしょう。そして、自分たちが課題解決のために何ができるかの提案、実行をしていきます。

このような学習プロセスを経ることで、地理の知識が習得され、活用され、さらには、討論などで深められることで、生活するうえで役に立つ科目となるのです。

分析・解釈の地理的な観点

分析・解釈での地理的な見方・考え方、つまりは地理的な観点では、五つの観点が提示されます。まずは「位置や分布」です。特にその事象がどのように広がっているかという分布を見ることは、空間的な傾向性（パターン）を見いだし、共通性を捉えやすくします。「場所」は、その場所の自然や社会・文化的特徴を指します。「人間と自然環境との相互依存関係」は、人の活動と自然環境との関係を捉える観点です。「空間的相互依存作用」は、交通や貿易を通して、それぞれの地域が有しているものやないものを動かすことで、お互いの地域が助け合っている、関係し合っているという観点です。そして、「地域」は、まとまりの範囲である地域を比較し一般的共通性や相違性（地方的特殊性）を見いだしたり、地域には規模（スケール）の概念があったり、時間の経過によりその範囲が変わるという、地域の理解を深めるといった観点です。このような観点で分析・解釈していきます。

目指す人間像

地理を学習することで、どのように人間としての魅力を増すのでしょうか？

地理の学習は、日本や世界に関してよりいっそう深く考えられ、将来を見据え、持続して発展する地域、日本、世界を築いていける魅力ある人間となるための学習なのです。

おわりに

本書では統計データについては、特に断りのない限り、『2014 データブック オブ・ザ・ワールド―世界各国要覧と最新統計―』二宮書店の数値にもとづいています。

地理を好きになる人は、地図を見る、読むことが好きな人、乗り物が好きな人、旅行が好きな人が多いようです。地理を知れば地理を好きになることもあります。地理には様々な魅力があります。

地図については、近年技術発展が著しく、GISの活用やネットで様々な地図を見ることができます。GISによって、新しい地図と古い地図を重ねて地域の変化を捉えたり、気候図や地形図、農作物の分布図を重ね合わせてそれらの関係性を視覚的に容易に捉えたりすることができるようになりました。

また、統計データから、主題図を作成するのも楽になりました。地図を好きな人には、技術の進歩により、楽しみがいっそう増しています。

乗り物や旅行も、多様化しています。乗り物を乗り継ぐだけの旅行としては、宮脇俊三氏や関川夏央氏などの紀行文としての文学作品があり、広く読まれています。それらの作品には、必ずといっていいほど地図が挿入され、地図と文章を照らし合わせながら読めるようになっています。このような作家や読者も、地理好きとは思っていないかもしれませんが、地理好きといってもいいのではないかと思います。自分では自覚していない潜在的な地理好きの人も多いのではないでしょうか。

さて、本書では、地理好きの人はもとより、潜在的な地理好きの人も、地理がよくわからないという人にも、地理に関心をもってもらえるように努めました。授業に直接関係する内容ではないけれど、このような観点から見れば授業が楽しくなるという項目も多く入っています。

また、本書では、九州地方から北海道地方に関する、日本の諸地域の内容に関する雑談はほとんど入れてありません。それは、皆さんに、自分自身で日本の諸地域の雑談を入れてもらいたいと思ったからです。皆さんの住んでいる地方で、地理に関係する雑談を見つけてもらい、地理の学習をよりいっそう魅力的なものにしてもらいたいと考えています。

ぜひ、自分で雑談を見つけて書いてみてください。本書を読み、自分で雑談を見つけることで、皆さんの地理の楽しさの理解に少しでも役立てば幸いです。

最後になりましたが、本書の作成にあたっては、多くの方に協力してもらいました。図の作成では井田悦子氏、筑波大学大学院の Yang Jayeon 氏、そして編集の労をとっていただいた明治図書の赤木恭平氏には、厚く御礼申し上げます。

井田　仁康

【著者紹介】

井田　仁康（いだ　よしやす）

1958年生まれ。1982年，筑波大学第一学群自然学類卒業。1986年，筑波大学大学院地球科学研究科単位取得退学。博士（理学）。現在は，筑波大学人間系教授。社会科教育・地理教育の研究を行っているほか，国際地理オリンピックにもたずさわっている。

〈主著〉『社会科教育と地域—基礎・基本の理論と実践—』（単著，ＮＳＫ出版，2005年）『地域と教育—地域における教育の魅力—』（編著，学文社，2012年）『究極の中学校社会科—地理編—』（編著，2013年，日本文教出版）『Geography education in Japan』（共編著，2015年，Springer）『教科教育におけるESDの実践と課題～地理・歴史・公民・社会科～』（編著，古今書院，2017年）『授業が変わる！新しい中学社会のポイント』（共編著，日本文教出版，2017年）などの著作がある。

地理に進んだきっかけは，小学校のときから時刻表を読んで旅行計画を立てるのが好きだったから。

授業をもっと面白くする！

中学校地理の雑談ネタ40

2018年２月初版第１刷刊　©著　者　井　田　仁　康

発行者　藤　原　光　政

発行所　明治図書出版株式会社

http://www.meijitosho.co.jp

（企画・校正）赤木恭平

〒114-0023　東京都北区滝野川7-46-1

振替00160-5-151318　電話03（5907）6702

ご注文窓口　電話03（5907）6668

＊検印省略

組版所　株　式　会　社　カ　シ　ヨ

Printed in Japan　ISBN978-4-18-275714-3